高校体育与体育产业协同发展研究

赵 雯 ◎ 著

吉林出版集团股份有限公司

图书在版编目（CIP）数据

高校体育与体育产业协同发展研究 / 赵雯著.
长春：吉林出版集团股份有限公司，2024.8. — ISBN 978-7-5731-5624-2

Ⅰ.G807.4

中国国家版本馆CIP数据核字第202476VW08号

高校体育与体育产业协同发展研究
GAOXIAO TIYU YU TIYU CHANYE XIETONG FAZHAN YANJIU

著　者	赵　雯
责任编辑	曲珊珊
封面设计	牧野春晖
开　本	710mm×1000mm 1/16
字　数	205千
印　张	13
版　次	2025年1月第1版
印　次	2025年1月第1次印刷
出版发行	吉林出版集团股份有限公司
电　话	总编办：010-63109269
	发行部：010-63109269
印　刷	三河市悦鑫印务有限公司

ISBN 978-7-5731-5624-2　　　　　　　　　　　　定价：79.00元

版权所有侵权必究

目 录 CONTENTS

第一章 体育产业与高校体育产业 1
 第一节 体育产业的内涵及形成发展 1
 第二节 体育产业的内容、分类、特征及属性 16
 第三节 高校体育产业 24
 第四节 高校体育产业的发展趋势 34

第二章 体育产业及高校体育产业现状 39
 第一节 体育产业发展现状分析 39
 第二节 体育产业发展过程中的问题解析 44
 第三节 高校体育产业的现状及面临的问题 47

第三章 体育消费与高校体育的市场化 54
 第一节 体育消费的认识 55
 第二节 体育消费推动高校体育市场化发展 67

第四章 高校体育产业经营管理 77
 第一节 体育产业经营与管理的理论与环境 77
 第二节 高校体育产业的经营管理 96

第五章 竞技体育产业带动高校赛事产业化 ········ 105
第一节 竞技体育产业的发展经营 ········ 105
第二节 高校体育赛事的市场化发展研究 ········ 114

第六章 高校体育场馆经营与俱乐部产业化 ········ 135
第一节 高校体育场馆的运作与管理 ········ 135
第二节 高校体育场馆的经济风险 ········ 146
第三节 高校体育俱乐部及其市场化运营管理 ········ 152

第七章 当代高校体育培训服务体系 ········ 174
第一节 当代高校体育培训服务概述 ········ 174
第二节 当代高校体育培训市场及其开发 ········ 180
第三节 当代高校体育培训平台的构建 ········ 192

参考文献 ········ 200

第一章　体育产业与高校体育产业

随着人们经济生活质量的不断提高，体育活动在价值和就业上均已成为国民经济重要的组成内容，在投入和产出规模上不断扩大，从而促进体育产业蓬勃发展。在全球化经济发展的趋势下，各产业经历社会的不断发展而日益变化，体育，作为人类古老而崇高的事业之一，也成为社会众多产业中的重要成员，并极大促进着人类社会经济的发展。

第一节　体育产业的内涵及形成发展

一、国内外学者对体育产业的研究

（一）国外研究

美国学者米克对体育产业进行了深入的研究，他将体育产业分为三个部门。第一，体育组织部门，包括职业与业余体育组织，如联盟、营销机构、法律顾问公司等。第二，体育娱乐与休闲部门，包括与体育赛事、体育传媒和体育游览相关的产业。第三，体育产品与服务部门，包括体育产品的设计、制造、销售和配送，以及产品的相关服务等。

在一些美国学者看来，体育产业实际上是一种为体育产品购买者提供所需产品的市场。体育产品所涉及的范围极为广泛，所有与体育运动、体育锻炼以及娱乐休闲活动相关的产品都可以被包含进去，涉及体育服务、体育人员与体育场地、体育活动策划等多方面的内容。他们将体育产业分为三种形式：第一，体育表演，指的是体育活动可以通过表演的形式呈现给观众和参与者。第二，体育产品，指的是体育活动中所涉及的相关物品，包括体育产业制造的体育用品等。第三，体育促销，指的是为实现体育产品的促销所提供的一系列策略、措施等。

日本早稻田大学的宫内孝典对体育产业也进行了相关的研究，他认为体育产业可以分为两部分，一部分是硬件部分，包括体育制造业者和体育领域的供给者。另一部分是软件部分，包括体育用品、信息和运动定向服务等。

中国学者李明对体育产业的定义为，"以体育为中心的相关产品和服务的生产单位"。他将体育产业分为两个部门：第一，体育生产部门，这是体育产业的核心部门，所有的体育赛事和为其提供相应服务的企业和组织都可以被包含入内，包括社会上的业余体育项目和健身俱乐部、体育教师、职业与半职业体育团队以及城市和乡镇的体育业余组织等。第二，体育支持部门，指的是体育生产部门外围，为体育生产部门的正常运动所组织的一系列活动，包括体育管理公司、体育行政与管理协会、体育传播媒介以及体育设施与建筑业等。

（二）国内研究

有关体育产业的理论概念，是在社会发展变革的大背景下逐步形成和发展的，反过来看，体育产业也对社会发展和国民经济具有显著影响。在国内学者的研究中，将体育产业分为广义和狭义，二者有一定的差别。

1. 广义的体育产业

体育产业是在社会主义市场经济体制下运行的体育事业。这种看法是在国家制度条件下得出的。在体育产业和体育事业二者辩证统一的客观前提下，在当前社会体制下既为体育产业的发展提供了充分理由，又为国家继续加大体育产业上的投入提供了理论依据。

体育产业是与体育有关的一切生产、经营活动部门的总和,其产品包括体育锻炼健身、体育赛事观看、体育咨询服务、体育培训服务和各类体育用品。这类观点从现实出发,认为体育产业是由体育物质产品和体育服务产品的生产经营两部分组成的。体育产业的本质是由体育活动中带来的经济价值决定的,居民的体育消费水平也决定了体育产业的发展水平。这种观点是当今的一种主流观点,在世界上有广泛的共识。

2. 狭义的体育产业

在一些学者看来,所谓的体育产业就是体育服务业。在他们看来,体育产业是以劳动形式为全社会提供不同类型体育服务的行业。

还有一些学者对体育产业的认识与上述观点相类似。他们认为,体育产业所从事的就是体育服务生产和经营行业,其目的就是满足人们在体育娱乐以及健身方面的需求。也可以说,体育产业就是通过体育劳动的形式来为消费者提供服务的生产部门。在这些人看来,体育产业是一种产业部门,其提供的产品就是一种非实物形态的体育服务。

上述几种观点,各抒己见,但都能自圆其说。体育产业是一种复合产业,并不像工业、农业等传统而具体的产业,体育产业所生产的产品非常广泛且复杂,不仅有具体的产品,还有无形的产品。它有自身的产业特性和产品特性,在界定体育产业概念时,首先要考虑体育的特征,即体育有什么独一无二的特点。其次要考虑与国际接轨,即在体育产业的经营内容、统计指标等一些基础的大方向上与国际同步。再次还要结合国情,充分考虑中国体育产业的发展现状。即借鉴的发达国家体育产业间的综合分类与划分标准是否符合我国的现状。最后还要看发展体育产业的最终目标是什么。由此,对于体育产业的定义,不能教条地去规定,而应该以体育自身的特性和功能为依据来定义体育产业。一个产业在做大做强之前，其产品的原材料、生产、制造都分布在其他行业，当产品的需求量达到一定规模后，就会独立出来成为一种新的产业。在体育产业形成以前，不少体育产品分散在轻工业、商业服务、文化教育、旅游等其他行业。

二、中国体育产业的发展历程

我国体育产业从20世纪70年代末开始起步，经过40多年的努力，体育产业的框架已经基本形成，成为具有巨大潜力的国民经济新兴产业。参考国内经济学界对我国自改革开放以来经济发展的阶段划分，以及体育学界对我国体育产业发展阶段划分的研究成果，以体育产业标志性事件作为节点，将我国体育产业发展的主要历程划分为四个阶段：探索尝试阶段（1978—1992）、起步发展阶段（1993—2002）、加速发展阶段（2003—2012）、全面发展阶段（2013—至今）。

（一）探索尝试阶段

1978年开始的改革开放政策与实践推动着我国体育领域的变革。对于体育产业，体育界存在一个由陌生到熟悉的认识过程以及从无到有的实践过程。首先是对体育产业认识的改变，一方面，国内经济体制的改革所产生的巨大效益对体育界产生持续影响。另一方面，与国际体育界的交流也不断影响着国内体育工作者对体育产业的认识。特别是1984年洛杉矶奥运会，我国体育工作者开始思考体育领域中的经济问题，而1984年年底中共中央颁布的《关于进一步发展体育运动的通知》明确了体育社会化的大方向，这为体育领域开展经济活动实践提供了政策保证。其次是体育产业实践的开展，当时的体育工作者自觉投入其中，一方面，各级体育行政部门利用其资源开展以补充体育经费为目的的体育创收活动，如"××省体委劳动服务公司"，部分体育事业单位逐步实行"以体为主，多种经营"，一些体育场馆逐步向社会开放，积极组织创收，实行多种经营。另一方面，相关企业以获取利润为目的进入体育产业中，如北京、上海以及沿海城市的企业开始举办一些商业性体育赛事，在一些高档宾馆出现了健身俱乐部。在此阶段，我国体育产业实现了从无到有的蜕变。

据统计，从1984年起，我国体育用品出口每年的增长幅度达到35.94%，大大超过同期文化产品和轻工业产品的出口额度增幅。但是由于我国的体育产业起步较晚，并且起点较低，因此，在整个产业结构中，对于体育产业的投入比重相对较低。1992年，我国体育用品出口额约为3亿美元。而全球体育用品贸易额度达到了600亿元，我国体育用品的出口额度仅占其中的1/200。人们对于体育产业的认识仍然存在很大的局限性，在体育产业的发展中，通常只是将体育产业作为推广国际贸易的一项手段，除了显而易见的巨大广告效应，其产业地位与商业价值还未得到大多数人的认识，更未成为经营活动的主体。

（二）起步发展阶段

1992年11月，全国体委主任座谈会在广东省中山市召开，会议明确了"逐步建立与社会主义市场经济相适应的、符合现代体育运动规律的、由国家调控并依托社会，又具备自我发展活力的体育体制及良性循环的运行机制，以形成国家办和社会办相结合、集中与分散相结合的发展格局"的改革总目标。在此次会议中，明确了要首先对足球进行市场化的改革，要将足球改革作为突破口，开始对竞技体育的改革道路进行全面的探索。这次会议对20世纪90年代以来中国体育改革和发展产生了深远的影响。此次会议后，足球、篮球、乒乒球先后进行了市场化、职业化改革的尝试。按照上述总目标，1993年4月，国家体委下发了《关于深化体育改革的意见》《关于运动项目管理实施协会制的若干意见》《关于训练体制改革》《关于竞赛体制改革》《关于群众体育改革》以及《关于培育体育市场、加速体育产业化进程的意见》共6份文件，明确了要将转变体育产业的运行机制作为核心，要始终面向市场，走向市场，将体育的产业化发展作为未来体育的改革发展方向。在当时的体育改革事业中，这些文件成了重要的指导性文件。在此后的一段时间内，体育管理体制实现了快速的改革。1995年6月，国家体委下发了《体育产业发展纲要》，指出体育产业是新时期体育战线面临的一项重要任务。1998年，国家体育运动委员会进行改组，改为国家体育总局，是国务院主管体育工作的直属机构，并对运动项目协会的发展道路进行了明确。此后，体育产业发展的政策与实践不断向前推进。

与政府层面在政策和体制上对体育产业的推动相呼应，微观领域的体育经济活动也逐渐活跃，并出现在体育产业的各个领域，特别是1994年中国足球甲A联赛正式亮相，宣告了职业体育在中国的出现，也成为中国体育产业最为重要的标志性事件之一。此后，篮球、乒乓球、围棋、排球等项目相继进行了职业化改革，成为此阶段体育产业发展最为耀眼的亮点。与此同时，体育产业的其他子行业也迅速兴起，体育用品业先后诞生了"李宁""安踏"等民族品牌，台球馆、保龄球馆先后成为20世纪90年代健身休闲产业的代表。而21世纪初，连锁性质的健身俱乐部成为健身休闲产业的主力军，以《体坛周报》《足球》等为代表的传统体育传媒业迅速崛起。总体上来说，体育产业在各个层面都逐渐起步，并迅速发展。

（三）加速发展阶段

2001年7月13日，在国际奥委会第112次全会上，北京市获得了2008年奥运会的举办权。2008年北京奥运会是这一阶段体育领域的核心事件，其对体育产业的影响可分为两个阶段。第一个阶段是北京奥运会的筹备和举办阶段，围绕着奥运会场馆建设，国内体育场馆建筑业得到了快速发展，同时还培养了一批优秀的体育建筑设计和施工单位；奥运会单项竞赛对器材和装备的需求，推动国内体育器材装备产业取得长足进步，并实现了与国际市场的对接；奥运会的筹备与举办，培养了一大批具有国际视野的体育赛事管理者、各类体育赛事专业人才，为竞赛表演业及其延伸产业的发展做好人才储备。此外，围绕着奥运会的举办，与体育产业相关的制度建设、制度创新实践也纷纷出现。2003年，国家统计局将体育产业与文化和娱乐业一起组成文化、体育和娱乐业。2005年11月，国家体育总局发布了《体育服务认证管理办法》。2006年国家体育总局颁布了《体育产业"十一五"规划》，这是我国"五年规划"中第一个专门针对体育产业的规划，这些制度建设和体制创新实践为此后体育产业的发展奠定了制度基础。第二个阶段是北京奥运会的后续阶段，奥运会的举办为体育产业留下丰富的成果，一方面是大量现代化体育场馆资源，大量体育赛事管理人才及其他相关专业人才，以及经过奥运会洗礼的体育产业各子行业。另一方面则是奥运会引发群众参与体育运动热情的提高，因北京奥运会所产生的有形和无形的影响从供需两方面推动着奥运会后续阶段体育产业的快速发展。2010年3月，国务院办公厅出台了《关于加快发展体育产业的指导意见》，为当时体育产业的发展注入了强大的动力，体育产业逐步由自然成长阶段向政府指导发展阶段过渡。

2004年，国外体育企业和资本大举进入中国标志着我国体育产业进入快速发展轨道。这一年，F1（一级方程式赛车锦标赛）上海站首次登陆中国，NBA季前赛首次登陆中国，由国外资本介入经营的中国网球公开赛在北京举办。此后几年，网球大师杯赛连续几年落户上海，美国四大职业体育联盟都开始在中国设立办事机构，国外体育机构和资本大举进军中国，反映了中国体育产业所具有的巨大潜力。与此对应的，是中国体育用品业涌现出众多民族品牌，以"李宁""安踏""匹克"为代表的体育用品企业开始赞助国外运动队，并在海外建立销售网络，加快了企业国际化的步伐，中国体育产品逐渐走向国际市场。同期，中国健身市场实现快速增长，北京青鸟、中体倍力等知名的体育健身品牌不断扩大连锁规模；职业体育在政策、制度和管理体系上日趋完善，不断探索特色发展道路，越来越多的运动项目走上职业化道路；体育运动休闲项目发展迅速，形成了高端运动休闲、大众休闲相结合的运动休闲产业。

随着我国经济结构的不断调整，体育产业进入快速发展的阶段，体育产业结构也发生了变化，赛事组织、场馆建设、信息咨询、技术培训等比重逐步提高，体育产业子行业均出现了具有一定代表性的知名品牌。

（四）全面发展阶段

随着经济增长速度放缓，经济结构的优化升级对新时代体育产业的发展提出了新的要求。2014年10月20日，国务院下发了《关于加快发展体育产业促进体育消费的若干意见》（以下简称《意见》），这份文件既是中国体育产业发展的纲领性文件，也是新中国体育发展史上又一个重大里程碑式的事件。《意见》中指出："到2025年，基本建立布局合理、功能完善、门类齐全的体育产业体系，体育产品和服务更加丰富，市场机制不断完善，消费需求愈加旺盛,对其他产业带动作用明显提升,体育产业总规模超过 5 万亿元,成为推动经济社会持续发展的重要力量。"根据这一发展目标,确定了 6 项主要任务以及 7 项推进措施,体现了该文件的可操作性,《意见》还将全民健身上升为国家战略,与"健康中国"的国家战略实现了对接,指出了未来体育产业新的发展方向。《意见》的发布为我国的体育产业发展注入了新的推进剂,使体育产业进入全面发展的阶段。

首先,各类社会资本纷纷进军体育产业。国内大型房地产企业万达集团收购瑞士盈方体育传媒集团股份,买断世界铁人集团(原世界铁人三项赛版权拥有方),成为当时全球规模最大的体育经营公司;2015 年,中国网络社交平台腾讯集团旗下的腾讯体育,花费 5 亿美元取代新浪,成为 NBA 中国数字媒体独家官方合作伙伴(5 年期)。大型企业集团投巨资进入体育产业是我国体育产业进入全面发展阶段的标志性事件。

其次,群众自发的健身与竞赛活动蓬勃发展,并逐渐向专业化和正规化方向转变,以马拉松为例,自中国田径协会全面取消对马拉松赛事的审批以后,各地马拉松赛事纷至沓来,且参赛资格紧张,往往需要摇号抽取,群众的健身热情可见一斑。相关的体育赛事经营公司成长迅速,智美集团便是其中的典型代表。而足球等集体性运动项目,民间自发的竞赛组织如雨后春笋般涌现,并表现出区域联盟化的态势。自上而下和自下而上两股作用力共同促成体育产业资源内外整合、产业规模不断扩张、产业的品质不断提升。

体育产业各子行业内企业都在积极行动,以期为今后的产业快速发展布好局,起好步。体育用品制造企业,如"安踏""李宁"等开始寻求与科技企业合作,以期在可穿戴智能装备、"互联网+体育"领域达到国际先进水平;健身娱乐业也开始利用互联网平台来寻求业务的进一步拓展;体育传媒企业则在其上、下游寻求突破，以期构建从转播到内容，再到设备的全产业链生态，腾讯体育是其中的典型代表。在此阶段，体育产业发展的特征是政策推动有力，资本介入强势，行业覆盖全面。中国体育产业发展已迎来新的契机。

三、体育产业的未来发展动向

体育，作为人类的生活方式之一，在未来必将受到全球经济、社会、文化以及科技进步的影响。体育产业，作为21世纪全球最具发展潜力的产业之一，同样会呈现异于以往的趋势和特征。根据全球经济、社会、文化发展及技术进步的趋势与特征以及体育的内在特征，未来体育产业将呈现以下四个发展趋势：互联网化、全球化、融合化、资本化。

（一）互联网化

21世纪被称为互联网时代。作为一种信息传播技术，互联网已经深深嵌入人们生活的各个方面，体育也不例外。互联网提供了信息的传播、信息的采集与信息（主要以数据形式）的处理。对于体育而言，在信息采集阶段，一方面，运动者的解剖、生理、力学信息将会被各种类型的传感器转化为比特数据上传到互联网，另一方面，是比赛现场各个机位的转播信号被转化为比特数据上传到互联网。在信息传输阶段，各种类型的数据通过大容量数据传播技术，向直接用户或者数据处理机构发送。在信息处理阶段，一方面，各类传媒机构，如电视台、视频网站对数据，特别是体育赛事的直播信号进行编辑处理并向客户传播，另一方面，大量的数据，如健身参与者的运动生理学数据、专业运动员的解剖生理和生物力学数据、比赛视频所包含的竞赛双方技战术信息，将被交由处理机构进行计算分析，以发现不同数据采集对象的行为特征，并加以利用。

体育产业的互联网化其实就是上述"互联网+体育"的产业化，具体表现为以下几方面：

第一，可穿戴智能运动装备成为体育用品产业发展的突破点，包含身体信息采集、后台信息处理的可穿戴智能运动装备已成为健身休闲、体育竞赛的必备之物，耐克（NIKE）公司推出的"NIKE+"运动鞋就是此类装备的代表。

第二，基于大数据的运动技术分析对体育竞赛表演业产生巨大的影响，由运动员数据采集、比赛现场多机位视频采集与包含先进算法的后台数据处理技术综合而成的运动技战术分析成为参赛者争胜的必备武器，名不见经传的莱斯特城，在2016年夺取英超冠军就很好地诠释了这项技术的威力。

第三，基于信息传播扩容的网络赛事直播打破了现有体育赛事直播的产业格局，互联网技术，特别是传播技术的发展，使海量数据的传输变得更加便捷和容易，促使体育赛事的转播更好地满足观众的个性化需求，甚至已出现点对点的体育赛事转播。

第四，互联网技术可以更好地挖掘运动的社会交往功能，现代人的交往越来越依托互联网，互联网社交平台为人与人信息和感情交流的新平台。体育具有很强的社交功能，一方面，现有的互联网社交平台将会更多地涉足健身、休闲等服务领域，以增加其社交平台的客户价值。另一方面，体育也开始利用互联网来拓展其社会交往功能，可穿戴装备以及运动健身APP等都开始逐渐增加社交应用功能。前者如国内的微信、微博，后者如NIKE，Keep等。

互联网技术的发展对体育产业的影响深远，特别是在互联网技术不断进步的背景下，这一领域还有巨大的潜力可挖掘。

（二）全球化

进入21世纪，交通与通信科技的巨大进步推动着全球贸易业和通信业的蓬勃发展，经济全球化成为不可逆转的时代潮流，同时，各国、各地区、各民族间的体育文化交流也变得更加方便，体育全球化成为一种趋势，作为体育活动与经济活动的综合，体育产业也呈现出非常明显的全球化趋势。

首先，全球化意味着生产要素以利润最大化为目的进行全球配置。早在20世纪中叶，职业体育最核心的生产要素——职业运动员就已经实现了全球化配置，但体育用品制造业，各种生产要素的全球化配置却到20世纪末叶才实现。近年来，随着交通和通信的更加便捷，全球运动员的流动也更为频繁，且原有单向流动也变为双向或多向流动，体育用品生产全球化则进一步加强，成为体育用品制造业普遍的生产方式。

其次，体育组织的全球化推广。一方面，通信及与其相关的电视（网络）转播行业的发展，使很多职业体育组织不再局限于国内的转播市场，而是开始向国外市场扩张。典型的例子就是美国的NBA，特别是NBA在中国地区的成功使得美国其他三个职业体育联盟纷纷在我国设立办事处，在宣传运动项目的同时来扩大美国体育联盟在中国的影响力；欧洲职业足球联赛的海外推广也非常成功，欧洲五大联赛及欧洲冠军杯联赛已经成为世界体育转播市场最抢手的资源。另一方面，很多职业体育组织开始在国外开设分站赛，如男子职业网球组织ATP（职业网球联合会）与女子职业网球组织WTA（国际女子职业网联），都在新兴国家开办了分站赛。典型的赛事如2005年—2008年在上海举办的男子网球大师杯分站赛，成为当时上海市的一项品牌赛事，也是男子职业网球组织ATP进军中国市场的一枚重要棋子。

最后，大型体育公司的跨国经营。如IMG（国际管理集团）、AEG（美国安舒茨娱乐集团）、BALLY TOTAL FITNESS（美国倍力健身公司）均在我国体育市场布局。自2014年《意见》发布以来，中国国内企业也竞相到海外布局体育产业市场，收购国际体育经纪公司、投资海外职业足球俱乐部等，将中国资本与海外先进的商业模式有机结合，通过品牌效应与集约化的管理模式在全球范围内获取更多的商业利润和社会影响力。

全球化的趋势不可逆转，除了上述体育产业全球化的趋势和特征，体育组织和体育明星在全球进行的各类体育赛事活动、体育营销活动，其背后均有非体育的大型跨国公司的身影，体育产业的全球化既有其体育的本质，又是经济全球化的一部分。

（三）融合化

体育产业的融合化是指体育产业与其他产业相互渗透、相互交叉，融合发展。体育产业与其他产业能够实现融合发展的基础在于两点：在供给端，体育产业与其他产业资源的通用；在需求端，体育产业与其他产业目标消费群的重合。

1. 供给端，资源的通用性方面

首先，体育产业与旅游产业在自然资源上具有通用性。骑行、徒步、山地越野、攀岩等户外运动的场所大多位于雪山、峡谷、沙漠等风景优美或独特的自然风景区，而近年来迅速崛起的体育旅游产业实际上是以两个产业的资源通用性为基础的。

其次，体育产业与旅游产业在特殊事件资源上具有通用性。事件旅游是指以各种事件为核心旅游吸引物的一种特殊旅游形式，大型体育赛事作为特殊事件，一方面能吸引大量体育爱好者，另一方面也能吸引大量游客参与到赛事旅游中。四年一次的奥运会和世界杯既是高水平竞技运动的盛会，也是旅游业的盛会，甚至大型赛事对旅游的影响将在赛后持续很长一段时间。

最后，体育产业与文化产业、旅游资源在场馆资源上具有通用性。一方面，体育场馆既能举办体育竞赛，又是进行大型文艺表演的最佳场所，美国洛杉矶市的斯台普斯中心不仅是NBA湖人队和快船队的主场，也是NHL国王队的主场，同时还是美国最负盛名的格莱美音乐奖仪式的主办地，年均拥有近400万人次的游客。另一方面，很多大型体育场馆本身就是旅游景点，如北京国家体育场"鸟巢"和国家游泳馆"水立方"。其他诸如大型滑雪场、赛车场、网球场等也是运动爱好者的旅游目的地，举办F1中国大奖赛的上海赛车场平时也是国内外车友热衷的休闲娱乐目的地。

2. 需求端，目标消费群一致性方面

首先，消费者对健康的追求促进了健康产业与体育产业的融合，健康产业满足的是消费者的健康需求，其涵盖的范围比较广，既包括事前预防性质的健康咨询、保健和营养产品等健康服务与产品，也包括医药产品和医疗器械等事后治疗性质的健康产品与服务。体育产业中的健身休闲产业实际上是事前预防性质的健康服务，具有成本低的优势，与健康产业相得益彰，能够最大限度地发挥促进消费者健康的功效，未来健身休闲产业将会更深入地与健康产业融合发展，如运动康复产业与养老产业的结合等。

其次，消费者消费结构的升级促进了体育产业与其他产业的融合。以旅游业为例，原有观光旅游的单一需求已经被观光、休闲、度假等多元需求格局所代替，旅游者更加注重旅游活动的参与性和体验性，体育旅游恰好能满足旅游者的这些需求，骑行、攀岩、徒步穿越等户外运动，高尔夫、马术与滑雪等休闲运动逐渐成为旅游产品的重要组成部分。

（四）资本化

实际上，北美洲、欧洲等地的职业体育俱乐部自20世纪70年代以来就开始进行资本化尝试，典型案例是英超的几家俱乐部在伦敦证券交易所上市，如曼联、利物浦等俱乐部。其中，曼联俱乐部在2005年被美国格雷泽家族收购，实现私有化，并于2012年在美国纽约证券交易所重新上市，这也反映了21世纪资本化在体育产业中的重要性。体育产业的资本化本质体现了体育产业对资本的需求，说明体育产业的快速发展离不开资本的持续介入。

就体育产业对资本的需求而言，一方面，体育产业的很多子行业，前期投资金额较大，如大型赛事的举办、大型体育场馆的建设、明星球员的转会费用等。另一方面，体育企业也希望从休闲产业、旅馆业、服装业等其他产业获得更多收益，对资金的大量需求构成了体育产业资本化的必要性；同时，体育产业，特别是竞赛表演、健身休闲以及场馆出租等业务，由于直接面对消费者，有比较好的现金流，构成了体育产业资本化的必要条件。目前，很多体育场馆的建设都采取了资本化的运营模式，如北京国家体育场"鸟巢"就采取BOT（Build-Operate-Transfer）的融资模式，未来那些经营良好、现金流充沛的体育场馆和赛事甚至可进一步实施证券化。

未来体育产业资本化将更为深入，证券化将成为大型赛事举办、大型场馆建设资本运作的方向。

第二节　体育产业的内容、分类、特征及属性

一、体育产业的内容

体育产业所包含的内容极为广泛，包括体育生产制造业、体育用品销售业、体育设施业、体育服务业等。体育产业的运营满足人们对于体育不同方面的需求，是对体育事业一切生产性组织和经营性组织的集合。具体来说，体育产业可以分为以下四方面的内容：

（1）体育本体产业。体育本体产业是一种产业群，指的是在体育自身特性的基础上，所建立起来的生产和服务业，其中最具代表性的是体育培训业、竞赛表演业等。

（2）体育边缘产业。体育边缘产业是体育本体产业的一项重要组成部分，其是一种提供综合服务的产业，主要目的是协助体育本体产业效益能够更好地发挥，其中最具有代表性的，是为体育活动的顺利开展提供住宿、饮食及纪念品等服务业。

（3）体育延伸产业。体育延伸产业是一种行业网络，指的是在体育产业的周边所形成的一种综合性行业网络，从形式上来看，各个行业之间存在某种联系，但是从性质上来看，行业间彼此却是独立存在的，其中最具有代表性的有体育旅游、体育彩票、体育经纪以及体育保险等。

（4）体育相关产业。体育相关产业是一种产业链，指的是将体育作为一种资源和手段来进行生产和服务的产业，其中最具代表性的有体育用品制造业以

及体育广播产业等。

二、体育产业的分类

针对体育产业分类的研究，国内外学者的观点也存在较大的差异性，其具体内容如下：

（一）国外分类

在国外体育研究者看来，体育产业可以分为三种模式，即皮兹模式、米克模式和苏珊模式。

（1）皮兹模式。1994年，皮兹提出了皮兹模式，该模式认为，体育产业可以分为体育表演、体育生产、体育推广等类别。

（2）米克模式。1997年，米克提出了米克模式，该模式认为，体育产业可以分为体育娱乐、体育产品和体育支持性组织三种类别。

（3）苏珊模式。2001年，苏珊提出了苏珊模式，该模式认为，体育产业可以分为体育生产和体育支持两类。其中，体育支持还包含六种不同的种类，即政府内相关的体育机构、各级种类的体育协会、体育管理公司、体育媒体、体育用品的制造和销售、体育设施的建设与运营。

从总体上来看，国外体育研究专家对于体育产业的分类，是在当代西方社会经济条件下，体育产业的生存和运作方式的基础上所进行的。西方发达国家的体育产业发展在很早就已经开始了，社会人士对体育产业的普遍认知，是向市场提供体育娱乐产品的行业。因此，体育研究者在对体育进行分类的基础上，也是按照这个认知来进行的，通常会根据体育娱乐产品的生产、营销、组织管理的业务流程来进行详细的划分。因此，对于体育产业的分类，研究者的观点基本上是类似的,可以将体育产业系统划分为体育生产子系统、体育营销子系统和体育支持保障子系统这三个部分。

根据体育产业链上、中、下游之间的关系也可以对体育产业进行分类,根据这个标准,可以将体育产业分为上游产业、中游产业和下游产业三个种类。上游产业指的是体育产业的原产业,包括健身娱乐业和竞赛表演业等,可以反映出体育产业的原生态情况;中游产业指的是可以间接为健身娱乐业和竞赛表演业提供相关服务的一种支持性产业,包含体育器材、体育服装、体育鞋帽、体育媒体、体育中介、体育培训、体育场馆运营、体育保健康复等;下游产业指的是可以为上游和中游产业提供相关服务的支持性产业,其包含的范围极为广泛,包括体育食品、体育饮品、体育旅游、体育建筑、体育博彩、体育房地产等方面。需要注意的是,在缺少下游产业的情况下,原产业的生存与运作情况不会受到相关其他产业的影响。

依据体育产业上、中、下游之间的关系来对体育产业的种类划分,这符合体育产业的发展特点。这是因为,体育活动是体育产业产生的原点,这是对体育活动的生产、经营和开发所进行的再次阐述。通过该种分类方法,也可以揭示出体育产业与一般产业之间的关系,充分突出了体育产业自身所具有的特点。

当前,我国市场经济的发展呈现出全面繁荣的景象,对于体育产业来说,无论是在发展方面还是在革新方面,都展现出了前所未有的快速。例如,健身娱乐业的产生,是在群众体育活动的组织方式产生了变化所催生出来的;而竞赛表演业的产生,是由于竞技体育中的体育活动逐渐朝向商业化和职业化的发展所产生的。在这两个最为主要的体育产业不断发展和变革的过程中,一些新的体育产业也逐渐衍生出来。在我国社会主义发展新时期,体育产业发展的重点是群众体育和竞技体育,这是因为整个体育产业发展的源头就是这两个体育产业项目。从这里我们也可以看出，上游体育产业的发展对于整个体育产业的繁荣发展都具有重要的影响作用，要想实现中游和下游体育产业的全面发展，就必须着重扶持上游体育产业的发展。

（二）国内分类

在我国，针对体育产业的发展，国家体育总局（原国家体委）1995年下发的《体育产业发展纲要》中对体育产业的类型也进行了划分，这是国内对于体育产业种类划分最权威的方法。其将体育产业分为三类，分别为体育主体产业、体育相关产业和体办产业。

（1）体育主体产业，指的是受体育部门管理，能够充分发挥自身价值和功能的，并且可以为体育活动提供相关体育服务的体育产业经营活动，包括竞技体育产业、体育教育科技产业、群众体育产业、体育彩票和体育赞助等。

（2）体育相关产业，指的是与体育相关的，其他产业的生产和经营活动，包括体育场地、体育器材、体育服装、体育食品、体育饮品、体育广告和传媒经营与管理等。

（3）体办产业，指的是为实现体育事业的创收和补助，体育部门所开展起来的体育主体产业以外的生产经营活动。

《体育产业发展纲要》对体育产业类型所进行的划分，主要依据的是体育商品所具有的不同性质。根据该标准，可以将体育产业分为体育服务业和体育配套业两类。其中，体育服务业包括竞赛表演、健身娱乐、体育媒体、体育旅游、体育培训、体育博彩、体育中介、体育康复保健等体育产业；体育配套业包括体育器材、体育服装、体育鞋帽、体育食品、体育饮品、体育建筑等体育产业。

《体育产业发展纲要》对体育产业类型的划分方式虽存在优势，但不可避免地也存在不足的地方。体育产业分类方式存在的优势表现在：第一，提出了体育产业的概念和分类。第二，操作性较强，有利于体育市场的培育和发展。而缺点则表现在，该种分类方式是从体育管理部门的角度来进行划分的，在该标准下，体育管理部门只能对第一类和第三类产业进行管理，但是却没有对第二类产业进行管理的权限。从这里可以看出，《体育产业发展纲要》对于体育产业所进行的种类划分还不够完善。

三、体育产业的特征

世界体育产业所具有的特征，与中国体育产业的特征相比较，二者还是有所差别的。下面我们开始进行详细的论述。

（一）世界体育产业的特征

世界体育产业所具有的特征，主要表现为以下几点：

1. 有着广泛的影响力

随着人们生活水平的提高，人们对于体质的健康也提出了更高的要求。在空闲时间，很多人都开始选择参加各种不同的体育健身项目。通过体育运动，人们不仅可以收获更多的快乐，还可以保持身体的健康状态，因此世界体育人口始终处于一种持续上升的状态。现代体育产业的发展对社会产生了巨大的吸引力，其中一个重要的原因是体育产业的发展为人们带来了巨大的收益，其可以吸引到更多的企业以体育赞助和广告的形式参与到体育产业当中，这对于体育产业的进一步发展起到了重要的推动作用。

2. 商业化程度较高

当前，体育产业的发展进入了一个快速发展期，人们在社会生活中的各个方面和各个行业中，都会切身感受到体育产业的存在。从体育产业的发展情况来看，当前最为显著的特征是商业化发展程度极高。例如，美国的NBA职业篮球联赛，这是世界上最为成功的一项体育经济产品。通过多年的市场化运作，NBA已经形成了成熟的商业理念，在通过全方位的产品包装之后，NBA的商业帝国已经被成功推往了世界各地。

3．从业人数较多

体育产业的影响极为广泛，这在无形中就吸引了更多的人进入了体育产业领域，为社会提供了大量的就业机会，从而在一定程度上缓解了就业困难的问题。从这个角度来看，体育产业的发展体现了明显的促进就业的特征。

当前，世界范围内体育运动已经向社会化、职业化、商业化的方向发展，国际化的发展程度不断增强。随着体育产业影响力的不断扩大，未来体育产业必定会在扩大内需、吸纳就业以及拉动国民经济增长方面起到更为重要的作用。

4．有着较高的产业产值

随着时代的不断向前推进，经济的发展也上升到了一个新的高度。随着人们对于体育活动需求的不断增大，体育产业带来的商业价值也在持续加大。体育产业所涉及的能源消耗量小，并且对周围环境带来的污染较小，因而对促进经济增长方式转变的实现具有重要的作用，在未来应当大力支持体育产业的可持续发展，使之成为长期繁荣的产业。

（二）我国体育产业的特征

我国体育产业的特征与西方国家体育产业的特征之间存在较大的差异。从总体上来看，我国的体育产业分为两部分，一部分是体育事业，另一部分是体育产业。具体特征如下：

1. 属性和特点的差异性

体育事业最为关注的是体育所带来的社会效益，具有很强的公益性和福利性，成立体育事业的主要目的是满足人民日益增长的精神文明需求。而体育产业则不同，其主要关注的是经济效益，具有明显的商业属性，成立的主要目的是获取更多的利益。

2. 资金来源方面的差异性

从财政方面来看，体育事业单位运行所需要的资金主要来源于国家的财政支持，而体育产业运营所需要的资金则主要来源于银行贷款或是自筹。从税收政策上来看，体育事业单位不需要缴纳税金，而体育产业部门则需要根据收入缴纳相应的税金。

3. 经济性质方面的差异性

从经济性质方面来看，体育事业属于产品经济，其会依据相应的行政命令来运行，以福利、公益和社会效益来作为运行机制。体育产业的性质则是商品经济，需要依靠市场自发的调节作用来运行，其主要目的是实现盈利，通过改革措施不断提高自身的经济效益。

四、体育产业的属性

体育产业是随着现代市场经济的不断发展，而逐渐形成的一种产业形态。从一定程度上可以说，体育产业的出现实际上就是运动模式的转变，组织化、生产化、消费化和盈利化的产业运营模式，取代了以往自给自足的运营模式。在市场经济条件下，体育活动开始逐渐朝向组织专业化、参与消费化、运作营利化的方向发展，这就使得体育产业这种新型的产业形态出现。从外部表现来看，体育商品种类的不断增长，成为体育产业发展的一个重要标志。此外，体育经营企业规模的不断扩张，也成为体育产业不断发展的一个重要表现形式。对体育产业价值内核的判断，是判断体育产业属性的关键。这是因为，体育产业的存在和发展，会受到价值内核的决定性影响。如果体育产业的发展失去了价值内核，那么体育产业也将逐渐走向灭亡。从这里我们就可以看出，体育产业所具有的基本属性，与第二、三产业所具有的现代娱乐业所具有的性质是相似的。

体育的相关产业所涉及的范围极为广泛，包括体育服装、鞋帽、器材、食品、饮品等大量的实物性商品产业，需要通过体育产业的概念来对这些产业是否属于体育产业来进行判断。对于体育服装、器材等实物性产品来说，它们都是在体育活动的基础之上所展开的，并存在明显的主副关系。这些体育物质产品的生产经营，是作为主业配套而存在的，因此这与体育产业的本质不存在相悖的关系。从世界范围来看，很多国家都认为，体育产业不包括体育服装、器材等产业的生产和经营，这在世界范围内已经形成了共识。一些国家的学者认为，在对体育服装、器材等实物产品是否属于体育产业进行判断的过程中，首先应当考虑的是该类产品的生产意图，以及该类产品最终会面向的市场。对于体育服装、器材等实物性产品来说，社会大众使用它们的目的是参与相关的体育活动，并且体育消费市场也是该类商品所面向的最终市场。从这里我们就可以看出，上述的体育实物产品，应当被归类在体育产业之中。

从上述中我们可以看出，在对体育产业的基础属性进行认识与分析的过程中，要始终坚持"透过现象看本质"的原则。不仅要始终坚持质的规定性，将娱乐性作为体育产业的基本属性，同时还要始终明确体育产业上、中、下游之间所存在的紧密联系，不应将体育产业仅仅限制在体育服务产品的范围内。只有在遵守上述原则的情况下，人们对于体育产业的本质属性才会有更深入的认识。

第三节 高校体育产业

一、高校体育产业的内涵

高校体育产业是指依托高校的体育资源（包括场馆、设施、人才、技术等），通过市场化运作，提供体育产品与服务来满足社会多元化体育需求的产业形态。它不仅包括传统的体育教学、课余训练与竞赛组织，还涵盖了体育场馆的运营与管理、体育产品的研发与销售、体育赛事的策划与执行、体育培训与咨询等多个领域。

从教育层面来看，高校体育产业是高等教育体系中的重要组成部分。它依托高校的丰富体育资源，包括现代化的体育场馆、先进的体育设施、专业的体育人才以及前沿的体育科技，为学生提供了优质的体育教学与课余训练环境。通过参与体育产业的相关活动，不仅能够提升学生的身体素质，还能够培养团队合作精神、竞技意识以及创新创业能力，从而实现个人的全面发展。

高校体育产业在推动社会经济发展方面发挥着积极作用。随着体育产业的不断壮大，高校体育产业已经成为一个新的经济增长点。高校体育产业通过市场化运作，将体育资源转化为经济优势，不仅为高校自身带来了可观的经济收益，还为周边地区乃至整个社会的经济发展注入了新的活力。例如，高校体育场馆的对外开放、体育赛事的举办以及体育产品的研发与销售等，都为社会创造了大量的就业机会和经济效益。

高校体育产业与文化生活紧密相连，成为丰富人民群众精神文化生活的重要载体。高校作为文化传承与创新的重要基地,其体育产业在发展过程中注重将体育与文化相结合,通过举办各种体育文化节、体育展览、体育讲座等活动,传播体育精神、弘扬体育文化,进而提升人民群众的文化素养和生活品质。同时,高校体育产业还通过与社会各界的广泛合作来推动体育文化的交流与传播,增强了社会的凝聚力和向心力。

高校体育产业还承担着推动体育科技创新与发展的重要使命。高校作为科技创新的一个重要源头,其体育产业在发展过程中注重将先进的科技手段应用于体育教学、训练与竞赛中,从而提高了体育教学的质量和效率,提升了运动员的竞技水平。同时,高校体育产业还积极开展体育科技研发工作,推动体育器材、运动装备以及体育管理软件的创新与发展,为体育产业的转型升级提供了有力的科技支撑。

高校体育产业作为体育产业的一个重要分支,其内涵丰富且深远。它不仅关乎着教育事业的全面发展,还紧密连接着社会经济与文化生活的多个层面。在未来的发展中,高校体育产业应继续发挥自身的优势,积极探索市场化运作模式,以推动体育产业与教育、文化、科技等领域的深度融合与创新发展。同时,政府和社会各界也应给予其更多的关注和支持,共同推动高校体育产业的繁荣发展,为实现体育强国和健康中国的目标贡献更大的力量。

二、高校体育产业的特殊性

高校体育产业相比一般体育产业,具有其独特的属性和特点。

(一)教育与产业的双重属性

高校体育产业作为一种特殊的产业形态,最为显著的特点便是兼具教育与产业的双重属性。这一特点使得高校体育产业在发展过程中需要同时考虑社会效益和经济效益，承担起教书育人的社会责任，并遵循市场经济规律，以实现经济的可持续发展。

从教育属性来看，高校体育产业是高等教育体系的重要组成部分，承载着培养德、智、体、美、劳全面发展人才的重要使命。通过体育教学、课余训练、竞赛组织等活动，高校体育产业不仅能够提升学生的身体素质和运动技能，还能够培养他们的团队合作精神、竞技意识和创新创业能力，为学生的全面发展提供有力支持。同时，高校体育产业还注重将体育与德育、智育相结合，通过体育活动来培养学生的道德品质、意志力和综合素质，以进一步凸显其教育属性。

高校体育产业并非仅仅局限于教育领域，它还具有鲜明的产业属性。作为体育产业的一个重要分支，高校体育产业需要遵循市场经济规律，以实现经济效益。这意味着高校体育产业需要通过市场化运作，将体育资源转化为经济优势，为高校自身和周边地区带来可观的经济收益。同时，高校体育产业还需要注重创新，不断开发新的体育产品和服务，以满足社会多元化的体育需求，从而提升市场竞争力。

在双重属性的影响下，高校体育产业的发展需要同时注重社会效益和经济效益。一方面，高校体育产业需要积极承担社会责任，通过体育活动和赛事的举办，来推动体育文化的传播和普及，提升国民身体素质和健康水平，为社会做出积极贡献。另一方面，高校体育产业也需要注重经济效益的实现，通过合理的资源配置和市场化运作，实现经济的可持续发展，为高校自身和周边地区的经济发展注入新的活力。

高校体育产业的教育与产业双重属性是其最为显著的特点之一。在发展过程中，高校体育产业需要充分平衡社会效益和经济效益的关系，既要注重教书育人的社会责任，又要遵循市场经济规律实现经济的可持续发展。这种双重属性的存在不仅为高校体育产业带来了独特的挑战和机遇，也为其在未来的发展中提供了广阔的空间和潜力。

（二）资源优势明显

高校体育产业相较于一般体育产业，其资源优势显得尤为突出。这不仅体现在硬件设施如体育场馆、设施的完善与先进性上，更体现在专业人才和科研实力的深厚底蕴上，为体育产业的发展提供了得天独厚的条件。

在硬件资源方面，高校通常拥有规模宏大、设施完备的体育场馆和各类运动设施。这些场馆和设施不仅满足了校内师生的体育教学和锻炼需求，还具备了承接各类大型体育赛事和活动的能力。通过市场化运作，这些场馆和设施可以向社会开放，为公众提供高质量的体育服务，如健身、游泳、篮球、羽毛球等多种运动项目。同时，高校还可以利用自身的场馆和设施优势，来举办各类体育培训和夏令营等活动，以进一步拓展体育产业的业务范围。

在人才资源方面，高校体育产业同样具有显著优势。高校拥有大量专业的体育教师、教练和科研人员，他们在体育教学、训练和科研方面都具有丰富的经验和深厚的学术造诣。这些专业人才不仅可以为校内师生提供优质的体育教学和训练服务，还可以通过市场化运作，为社会提供各类体育培训和咨询服务。例如，高校可以开设面向社会的体育培训班，以提供专业化的体育技能培训；还可以为企业提供体育营销策划和咨询服务，来帮助企业提升品牌形象和市场竞争力。

高校的科研实力也为体育产业的发展提供了有力的支持。高校拥有先进的科研设备和实验室,以及一批高水平的科研团队。他们可以针对体育产业中的关键问题来进行深入研究,以推动体育科技创新和发展。例如,高校可以研发新型的体育器材和装备,以提高运动员的训练效果和竞技水平;还可以开展体育运动损伤预防和康复研究,为运动员提供科学的医疗保障。

高校体育产业在资源方面具有显著优势。这些资源不仅服务于校内师生,还可以通过市场化运作,为社会提供高质量的体育产品和服务。在未来的发展中,高校体育产业应充分利用自身的优势资源,积极探索市场化运作模式,推动体育产业与教育、科技等领域的深度融合与创新发展。同时,政府和社会各界也应给予其更多的关注和支持,共同推动高校体育产业的繁荣发展。

(三)文化与学术的深度融合

高校体育产业在蓬勃发展的过程中,不仅着眼于经济效益和社会效益的双重提升,更将体育与文化、学术的深度融合视为其核心竞争力和独特魅力所在。这一特点使得高校体育产业在具备经济属性的同时,更蕴含着深厚的文化内涵和学术价值,展现出其独特的竞争优势和广阔的发展潜力。

高校体育产业通过精心策划和举办体育文化节、体育学术论坛等一系列丰富多彩的活动,将体育与文化紧密地结合在一起,极大地丰富了体育产业的文化内涵。体育文化节作为高校体育产业的重要组成部分,不仅展示了体育的历史渊源、传承脉络和蓬勃发展态势,更在广大师生中弘扬了体育文化精神,增强了他们对体育的认同感和归属感。同时,体育文化节还为学生们提供了一个展示自我、锻炼能力的宝贵平台,进一步推动了校园体育文化的繁荣发展,形成了独特的校园体育文化生态。

作为学术研究的重镇,高校拥有丰富的学术资源和雄厚的研究实力。高校体育产业充分利用这一得天独厚的优势,通过举办体育学术论坛、开展体育科研项目等多样化的学术活动,积极推动了体育产业学术研究的深入发展。这些学术活动不仅为师生提供了广阔的学术交流平台,促进了他们之间学术思想的碰撞与融合,还为体育产业的发展提供了坚实的理论支撑和强大的智力支持,助力体育产业不断迈向新的高度。

文化与学术的深度融合为高校体育产业带来了独特的竞争优势和广阔的发展潜力。通过文化与学术的深度融合,高校体育产业不仅提升了自身的文化内涵和学术价值,还显著增强了其市场竞争力和社会影响力。这种深度融合的模式使得高校体育产业在发展过程中更加注重长远规划和可持续发展,致力于构建健康、稳定、可持续的体育产业生态,为体育产业的长期繁荣奠定了坚实的基础。

文化与学术的深度融合将继续作为高校体育产业的重要特点之一,引领其不断前行。通过持续举办体育文化节、体育学术论坛等活动,高校体育产业将进一步丰富自身的文化内涵和学术价值,为体育产业的长期发展注入新的活力和动力。同时,高校体育产业还应积极探索与文化、学术等领域的交叉融合与创新发展路径,推动体育产业不断迈向新的发展阶段,为实现体育强国和健康中国的宏伟目标贡献更大的力量。

三、高校体育产业的主要内容

高校体育产业作为高等教育与体育产业融合发展的产物,其涵盖的内容丰富多样,主要围绕体育本体产业、体育派生产业以及体育相关产业三大核心领域展开。

(一)体育本体产业

体育本体产业作为高校体育产业的核心组成部分,其地位和作用不容小觑。它如同一座连接高校与社会的桥梁，不仅丰富了校园体育文化生活，更通过市场化运作，将高质量的体育观赏和体验服务带给了广大社会公众。

各类高水平的体育竞赛表演是体育本体产业的重要组成部分。这些竞赛不仅展示了高校师生的体育才华和竞技水平，还吸引了众多社会观众的目光，成为校园内外关注的焦点。通过这些竞赛，高校体育产业不仅提升了自身的知名度和影响力，而且为社会公众提供了精彩的体育观赏体验，推动了体育文化的传播和普及。

除了竞赛表演，体育健身健美服务也是体育本体产业的重要一环。高校体育产业依托自身的场馆设施和专业人才优势，为广大师生和社会公众提供了优质的健身健美服务。这些服务不仅满足了人们的健身需求，还提升了他们的身体素质和生活质量，为社会的健康发展做出了积极的贡献。

经营性的运动训练培训是体育本体产业的又一亮点。高校体育产业利用自身的教练团队和训练设施，开展各类运动训练培训课程，为社会提供了专业化的体育技能培训。这些培训课程不仅帮助学员提升了运动技能，还培养了他们的体育精神，提高了团队协作能力，为社会的体育人才培养做出了重要的贡献。

除了以上具体的活动内容，体育本体产业还涉及体育所创造的无形资产的开发和利用。这些无形资产包括品牌、赛事IP等，它们具有巨大的商业价值和市场潜力。通过合理的开发和利用，这些无形资产可以为高校体育产业带来可观的经济效益和良好的社会效益。

体育本体产业作为高校体育产业的核心组成部分，其内容丰富多样，涵盖了高水平的体育竞赛表演、健身健美服务、经营性的运动训练培训以及体育休闲和娱乐服务等多方面。这些活动不仅丰富了校园体育文化生活，提升了师生的身体素质和运动技能，还通过市场化运作，为社会提供了高质量的体育观赏和体验服务。同时，体育本体产业还涉及体育无形资产的开发和利用以及体育电视转播权的开发等领域，进一步拓展了体育产业的价值链和发展空间。在未来的发展中，高校体育产业应继续发挥自身的优势，以推动体育本体产业的不断创新与升级。

（二）体育派生产业

体育派生产业作为高校体育产业的重要延伸，其地位和作用日益凸显。它如同一座连接体育产业与其他相关领域的桥梁，不仅推动了体育科技的进步和创新，还促进了体育文化的传播和普及，为体育产业的可持续发展提供了有力的支撑。

各类体育器材和一部分特殊的体育运动装备的生产与销售是体育派生产业的重要组成部分。高校体育产业依托自身的科研实力和专业人才优势，致力于研发和生产高质量的体育器材和运动装备。这些产品不仅满足了广大师生的运动需求，还通过市场化运作被推向社会，为广大体育爱好者提供了专业的运动装备选择。同时，高校体育产业还注重产品的创新和研发，不断推出新款式、新功能的体育器材和装备，以满足市场的多元化需求。体育出版物、体育报刊的编辑与发行也是体育派生产业的重要一环。高校体育产业拥有丰富的体育资源和专业知识，通过编辑和发行体育出版物、体育报刊，将最新的体育资讯、赛事报道、运动训练方法等传递给广大读者。这些出版物和报刊不仅丰富了人们的体育文化生活，还提升了人们的体育素养和知识水平，为体育文化的传播和普及做出了积极贡献。此外，体育文物的保护与展示也是体育派生产业不可或缺的一部分。高校体育产业注重体育文物的收集和保护工作，通过展示这些珍贵的文物，让人们可以更加深入地了解体育的历史和文化。这些文物的展示不仅丰富了校园体育文化生活，还提升了人们对体育的认同感和归属感。

除了以上具体的活动内容，体育派生产业还涉及一部分体育科学研究活动。高校体育产业依托自身的科研实力和专业人才优势，来开展各类体育科学研究，以推动体育科技的进步和创新。这些研究成果不仅为体育产业的发展提供了理论支撑和智力支持，还为社会的健康发展做出了积极贡献。

体育派生产业作为高校体育产业的重要延伸，其内容丰富多样，涵盖了体育器材和装备的生产与销售、体育出版物和报刊的编辑与发行、体育文物的保护与展示以及体育科学研究活动等多方面。这些产业依托高校的科研实力和专业人才优势，不仅推动了体育科技的进步和创新，还促进了体育文化的传播和普及。在未来的发展中，高校体育产业应继续发挥自身的优势，以推动体育派生产业的不断创新与升级，为体育产业的可持续发展提供有力支撑。

（三）体育相关产业

体育相关产业作为高校体育产业的重要组成部分，其涵盖范围广泛，与体育紧密相关的其他领域均有所涉及。这些产业不仅丰富了高校体育产业的内涵，还通过提供优质的体育设施和服务，来满足了师生和社会公众的多元化体育需求，为高校带来了可观的经济效益和显著的社会效益。

体育场馆设施的建设与运营是体育相关产业的核心内容之一。高校体育产业依托自身的场馆资源，致力于体育场馆的建设和改造，提供先进的体育设施和设备。这些场馆不仅满足了师生的教学、训练和比赛需求，而且通过对外开放和运营，为社会公众提供了优质的体育健身和休闲场所。同时，高校体育产业还注重场馆的多元化运营，通过开展各类体育赛事、文艺演出、展览展示等活动，进一步提升了场馆的利用率和经济效益。

除了场馆设施，运动服装和一部分体育装备的生产与销售也是体育相关产业的重要一环。高校体育产业依托自身的品牌影响力和市场渠道，推出了一系列运动服装和体育装备产品。这些产品不仅注重设计和品质，还融入了时尚和科技元素，满足了广大师生的运动需求和个性化追求。同时，通过市场化运作，这些产品也被推向社会，为广大体育爱好者提供了专业的运动装备选择。

体育相关产业的发展不仅为高校带来了经济效益，还产生了显著的社会效益。首先，通过提供优质的体育设施和服务，满足了师生和社会公众的多元化体育需求，提升了人们的身体素质和生活质量。其次，体育相关产业的发展推动了体育产业的就业和创业机会，为社会提供了更多的就业岗位和创业机会。此外，体育相关产业还促进了体育产业与其他相关产业的融合发展，推动了区域经济的繁荣和发展。

体育相关产业作为高校体育产业的重要组成部分，其涵盖范围广泛，与体育紧密相关的其他领域均有所涉及。这些产业依托高校的场馆资源和市场需求，通过提供优质的体育设施和服务，满足了师生和社会公众的多元化体育需求。同时，体育相关产业的发展也为高校带来了可观的经济效益和显著的社会效益，推动了体育产业的持续发展和创新升级。在未来的发展中，高校体育产业应继续发挥自身的优势，以推动体育相关产业的多元化拓展和综合效益的提升。

高校体育产业的主要内容涵盖了体育本体产业、体育派生产业以及体育相关产业三大领域，这些领域相互关联、相互促进，共同构成了高校体育产业丰富多样的内涵和外延。在未来的发展中，高校体育产业将继续发挥自身的优势，以推动体育产业与高等教育的深度融合与创新发展。

第四节　高校体育产业的发展趋势

随着我国经济和体育事业的飞速发展，体育产业在国民经济中所占的比重越来越大，也越来越受到人们的关注，其所关联的体育产业延伸到社会生活的方方面面，在此背景下的高校体育产业也得到了良好的发展。尤其在经济与信息全球化、文化多元化的21世纪，高校体育产业的发展不容小觑，其所呈现出的发展趋势值得我们去关注，其发展前景更需要我们去展望，这对高校体育产业的健康、稳步发展具有重要意义。

一、经济全球化趋势增强

21世纪不仅是信息化的时代，更是经济全球化的时代，社会生产力的高度发展、社会分工的不断完善以及科技、经济、国际贸易的自由化等为经济全球化时代的到来提供了良好的契机。具体来说，经济全球化是世界经济活动跨越国界，通过对外贸易、资本流动、技术转移等相互依存、相互联系而形成的全球范围内的有机经济整体，它是商品、技术、信息、货币等生产要素跨越国界和地区的流动。

经济全球化既是21世纪经济的重要特征，也是世界经济发展的趋势，为我国经济的发展带来了机遇和挑战，对我国经济具有重要的影响。首先，经济全球化有利于我国引进世界先进的管理理念和科学技术，加快我国工业化进程，优化产业结构，从而促进与世界的经济交流。其次，经济全球化有利于我国参与到国际分工的大环境中，发挥我国特有的人力资源和物力资源优势，从而更好地拓展海外市场。最后，经济全球化可以给我国带来高新技术的创新与革命，有利于我国发展高新产业，从而实现经济的跨越式发展。

在经济全球化的带动下，我国体育产业获得了飞速发展，逐渐与国际体育产业接轨，不断地交流、碰撞融合。与此相适应，作为体育产业的组成部分，我国的高校体育产业在未来的发展中也将呈现出经济全球化不断增强的发展趋势。

作为高等教育的主体，高校拥有着丰富而优秀的教育资源，而高校体育产业的发展离不开大量高校资源的投入。无论是硬件设施、场地的投入，还是培训服务、教育资源等软实力的投入，高校作为投入的主体占据着重要的地位。随着信息化时代的到来和现代教育理念的发展，不仅国内高校联系得更加紧密，甚至国际高校的互动和交流也变得更加频繁和活跃，它们共享各种信息和教育资源，互相访问和对话交流，甚至通过信息平台的搭建和国际高校的友好合作可以完成高校体育硬件资源和软件资源的共享，这些都为高校体育产业全球化的发展提供了良好的平台。

如在体育赛事上，通过互联网的传播和新媒体技术的应用，高校体育比赛的传播得以实现；通过国家的政策扶植和企业的积极参与，各种体育产品得到了更好的推广和宣传，这些所带来的影响不再仅仅是国内的体育消费行为，而是全球范围内的体育消费行为，由此所带来的经济效益也将更为可观。尤其是我国加入世界贸易组织以后，伴随着市场经济的不断发展和完善，我国的体育产业也逐渐向世界敞开大门，在各大国际顶级赛事中所出现的各种体育品牌已不再仅仅是美国的"阿迪达斯"、日本的"美津侬"、意大利的"Kappa"等，由我国"体操王子"李宁所创办的"李宁"体育品牌也登上世界体育产品的舞台，闪现着"中国制造"的独特魅力。

在经济全球化不断加深的今天，尽管我国高校体育产业起步发展阶段存在着这样或那样的问题，但由于我国体育事业和经济的高速发展，结合其自身所具有的独特优势和得天独厚的发展条件，我国的高校体育产业在未来的国际化大背景下将会取得更好的发展，其不断增强的经济全球化趋势更为其发展提供了良好的助力。

二、体育产业呈现多元化发展

经济的发展必然会带动体育产业的发展，而体育产业的飞速发展也为经济的发展提供了强有力的支撑。经济是体育产业市场化的必然产物，而体育的社会化、产业化、经济化也是体育长远发展的必然途径，两者相互依存、相互促进。我国的体育产业虽然起步较晚，但发展迅速，规模也在不断扩大，尤其在经济全球化的大背景下，不断地寻找着自身的突破点。目前，我国的体育产业已不再仅仅局限于体育事业本身，而是将触角延伸到社会生产的各个领域，带动相关产业的发展，呈现出多元化发展的趋势。

我国自"体育强国"战略提出以来，体育事业便得到了飞速发展，体育强国是新时期我国体育工作改革和发展的重要目标与任务。由此可见，我国极为重视体育事业的发展，而体育事业的繁荣和发展也必将会带来体育产业的高速发展。在此背景下，我国的体育产业也将会迎来新的发展机遇，高校体育产业作为体育产业的重要组成部分，也将在新的经济形势下呈现出多元化的发展趋势。

在过去，我国的体育产品结构比较单一，大多集中在体育服装、运动鞋、体育器械等有形的产品上，而对体育无形资产的开发和利用缺乏足够的重视。然而随着科技的进步、经济的发展和我国民众体育消费意识的提高，我国的体育产业多元化趋势明显增强。如体育彩票行业的繁荣、体育场馆的运营、高校体育培训服务系统的建立、高校体育俱乐部及赛事的发展等，都是体育产业多元化发展的结果。

此外,高校拥有先进的教育资源和设施,对体育教育、体育产业等理念的研究以及开发各种体育产品拥有良好的基础,通过与社会企业合作,搭建良好的经济互动平台,不断开拓体育产业的领域,将会为高校体育产业的发展带来新的机遇。如通过体育赞助这一互利共赢的合作形式,高校不仅可以解决体育赛事的经费问题,促进高校体育事业的发展,而且企业的知名度也会大幅度提升。另外,在高校体育产品的开发上,高校拥有先进的科研力量,有利于开发出适应当代社会需求的新产品,为高校体育产业的多元化发展提供了丰富的技术资源。

三、商业化程度不断加深

随着高校体育产业的不断发展和完善,其商业化运作手段日益成熟,商业化运营模式成为促进高校体育产业发展的重要手段。在未来的发展中,高校体育产业将会呈现出商业化程度不断加深的趋势。

高校体育产业的商业化程度反映了我国体育产业的发展水平,在 21 世纪的今天,其越来越成熟的商业化运作手段和运营模式为体育产业注入了新的生机和活力,为我国体育产业的发展提供了有力的保障。随着体育产业化的发展和产品质量等级的划分,高校体育产业产品的垄断程度也将进一步加深。在未来的体育产品领域,将会出现体育产业产品垄断的局面。

此外,从我国体育产业的发展规模和速度来看,高校体育产业已经开始跨越产业的限制,来带动周边产业的发展,具有良好的规模效益和示范作用。目前,高校体育产业有着向全产业化和多领域发展的趋势,与其相关联的周边产业也得到了快速的增长,这不仅满足了自身发展的需要,更带动了体育产业整体的发展。因此,随着高校体育产业商业化程度不断加深的趋势,其所带动的周边产业的发展也将成为高校体育产业发展的良好前景。

四、在国民经济中所占比重不断加大

高校体育产业是我国体育产业的重要组成部分，也是我国国民经济的重要组成部分，对促进国家经济的发展具有不可忽视的作用。尤其是在经济全球化不断深化的今天，我国政府及相关部门对高校体育产业的发展予以了高度的重视。从国家出台的各项法律政策不难看出，政府加大了对高校体育产业的扶持力度，不断完善法律法规，为其健康、快速的发展提供了广阔的空间和有力的环境保障。

随着国家政策的大力扶持和体育产业的产业化和规模化，我国高校体育产业起步虽然较晚，但每年都在稳步提高。尤其在经济全球化的背景下，其自身的优势为其发展提供了良好的基础，已经成为未来新兴产业的重要组成部分，而其在国民经济中所占的比重也在不断加大，为国民经济的发展做出了重要的贡献。同时，高校体育产业的快速增长也为高校体育事业的发展提供了良好的物质基础，两者相互依存，互为助力，保持了良性循环。

由此可见，在经济全球化和我国经济高速发展的背景下，作为体育产业的重要组成部分，我国的高校体育产业呈现出不同的发展趋势。无论是经济全球化趋势的不断增强、体育产业呈现出的多元化发展，还是商业化的不断加深及其在国民经济中所占的比重不断加大，都是我国高校体育产业在新的历史时期所呈现出的常态。对这些经济发展趋势加以分析和展望，是每一个体育产业工作者应尽的责任和义务，同时高校体育产业的发展趋势也为我国的经济发展提供了新的机遇和挑战。

第二章 体育产业及高校体育产业现状

第一节 体育产业发展现状分析

一、体育产业对国民经济的影响调查与分析

（一）体育产业对 GDP 的贡献调查

随着体育产业商业价值的不断增长，其也成为了国民经济和社会发展中不可缺少的重要组成部分，其国际竞争力也在不断提升。尤其是随着近年来我国经济的高速发展，人们的消费水平也有了很大提高，我国体育产业的发展更是出现了新的高潮。体育产业的总产值和增加值，每年都会呈现出快速增长的趋势。国家体育总局、国家统计局联合发布的 2018 年度全国体育产业总产出和增加值数据中，2018 年全国体育产业总规模（总产出）为 26579 亿元，体育产业增加值为 10078 亿元，首次突破 1 万亿元，体育产业增加值占国内生产总值的比重为 1.1%。2019 年，我国体育产业总规模已经突破 3 万亿元，提前完成了"十三五"规划目标。

由此可见，在国民经济发展中，体育产业所占据的比例将呈现出逐渐增长的趋势。

（二）体育产业对 GDP 的贡献分析

从当前我国体育产业发展的总体状况来看，与发达国家相比较，其总产值在国民经济中所占据的比例较小。这表明，我国体育产业的发展仍存在巨大的

潜力，需要未来进一步进行挖掘。值得注意的是，当前，我国体育产业所创造出来的价值，与我国所处的国际地位之间还存在较大差距。这也表明，我国体育产业的发展还存在巨大的上升空间。从数据来看，2018年我国体育产业总规模、增加值大幅提高，总规模较2017年增长20.9%，产业增加值较2017年增长29%，显示出强劲的增长潜力和巨大的市场空间。所以，我们要给予体育产业的发展更多的支持和关注，以全面实现体育产业对于国民经济的巨大拉动作用。

二、对体育产业结构的调查与分析

（一）对体育产业结构的调查

近年来，多项体育产业所获得的产值都呈现出逐渐增长的情况，尤其是体育服务业、体育用品业、体育建筑业，表现得最为明显。虽然，与其他体育产业相比较，体育服务业的增长速度较慢，但近年来这种情况有所改善。对于2018年的体育产业增长数据，从体育产业内部结构来看，体育服务业保持着良好的发展势头，增加值为6530亿元，在全部体育产业中占比达64.8%。体育用品及相关产品销售、出租与贸易代理规模最大，增加值为2327亿元，占全部体育产业增加值比重为23.1%。此外，体育用品及相关产品制造的增加值为3399亿元，占全部体育产业增加值的比重为33.7%。体育场地设施建设增加值为150亿元，占全部体育产业增加值的比重为1.5%。

随着我国各界人士对体育产业重视程度的不断加深，国家体育产业基地和国家体育产业示范基地的建设数量也在不断增加。当前，体育产业各门类正在朝着协同融合的方向发展，产业组织的形态将更加丰富，产业结构也逐渐呈现合理化趋势。尽管人们对于体育产品和服务的需求不断增长，但相关体育产业的增长始终能够满足他们的需求,并且体育产品和服务的种类也更加多样化。一批体育企业大量涌现出来,不仅有具有国际影响力的龙头企业,同时还有众多富有创新活力的中小企业,大量的体育社会组织也纷纷出现,并逐渐形成了一批具有鲜明特色的体育产业集群。

(二)对体育产业结构的分析

对于一个完整的体育产业体系来说,其是由核心层、外围层、相关层等多个层次来共同组成的,在各个层次内部、各个分支行业之间都存在一种极为密切的联系。对于体育服务业来说,能够促进体育产业发展的原动力是健身娱乐业、竞赛表演业。因此,想要实现整个体育产业的繁荣发展,就必须要大力推动本体产业的发展。

当前,我国体育产业结构方面存在的问题是核心产业发展的动力不够充足,体育用品业仍然占据着体育产业结构的主体,体育服务业的主导作用无法发挥出来,并且在体育产业的内部结构中还存在多项矛盾,始终无法解决。

从当前我国体育产业发展的总体形势来看,如何调整体育产业的结构,已经成为体育产业进一步发展的重点。想要实现体育产业持续、健康的发展,就必须要改变体育产业结构失衡的情况。

三、体育产业从业人员情况调查与分析

(一)对体育产业从业人员的调查

当前,体育产业的发展已经引起了国家各方面的重视,力图通过制定一系列的政策措施来实现体育服务业的快速发展。体育服务业隶属于第三产业,在第三产业的结构中,要不断提升体育服务业所占的比例,来拉动体育服务产业

的发展,将其发展成为国民经济的主导产业之一。这样就可以实现对国民经济结构的调整及优化,同时对于经济增长方式的转变也会产生重要的推动作用,能够缓解当前我国资源短缺对经济发展的制约作用,从而实现对资源的合理利用。

(二)对体育产业从业人员的分析

所谓体育产业的从业人员,实际上主要指的是体育服务业的从业人员,其所占的人员比例是最大的。因此,在这里我们只对体育服务业的从业人员进行分析。

体育服务业属于第三产业,其在吸纳人员就业方面具有独特的优势。这是因为,体育服务行业所涉及的范围极为广泛,包含的门类繁多,产业种类多样,劳动密集、技术密集、知识密集行业并存,无论是就业还是创业,发展方式都灵活多样,产业内部设置有大量的人员岗位,因此可以为不同层次的人员提供大量的就业机会。

但需要注意,我国体育服务业发展的速度不尽如人意,因此从吸纳的就业人数来看,始终无法与体育用品业相比较。此外,体育服务业在整个体育产业中,所占的比例也较低。

从当前体育产业的就业结构中就可以表明,我国体育服务产业的发展仍然处于较低的层次,整个体育产业内部结构的平衡性也较差。

四、未来体育产业对我国经济的影响

(一)产业领域不断扩大,电视转播权和冠名权经营效益显著

随着体育产业的不断开发,领域的不断加大,人们对体育产业的要求也越

来越严格。体育产业在赛事的电视转播权和冠名权方面取得了很大的成果。体育产业要想发展得更远，一定要借助电视的转播和冠名等方式。人们对体育赛事的关注也会提升，电视播放的效益会加速体育产业的发展。另外通过电视转播，在转播中插入广告来宣传企业和产品，不但能够提升企业的知名度，还能够加速产品的销售，促进商品经济的发展。近几年，我国体育的收入基本来自赛事冠名费，在体育产业规模不断扩大的今天，体育产业所带来的经济效益将会是一笔巨大的数字。

（二）体育用品的销售成为大众消费热点

体育用品的销量能够反映城市的生活水平和消费水平。体育产业通过媒体传播吸引了大批的爱好者并增强了他们参与体育活动的主动性，体育产品也顺势成了大众消费者的热销商品，而这些热销产品极大地促进了我国经济的发展。近几年，随着体育事业的蓬勃发展，体育产品的市场也将随着人们对体育事业的热爱逐步扩大。

（三）体育产业的快速发展带动相关产业的发展

与体育产业相关联的产业非常广泛，它能够带动电子产业、食品产业、机械、建筑、纺织等产业的发展，除此之外，对旅游业、保险业、广告及证券等产业的发展也有一定的促进作用。体育产业对中国现代经济发展的作用是众所周知的，以贵州山地户外运动赛事为例，旅游业直接从赛事中获益，大量的游客借助到贵州参加比赛的机会，游览贵州的旅游景点和名胜古迹，这极大地促进了贵州旅游业的发展，同时也带动了经济的发展。另外，也给餐饮业、住宿业、交通业、购物业、服务业带来了巨大商机。事实证明，体育产业的快速发展可以带动相关产业的发展。

第二节 体育产业发展过程中的问题解析

一、体育产业发展过程中的重点问题

（一）关于确立体育产业发展中的重点产业问题

在经济发展的特定阶段，总会有某些产业的份额或者影响，在产业结构中起着举足轻重的作用，我们称之为重点产业。具有上述特征的重点产业，在本类产业发展过程中主要起带动作用、调节作用、转型作用，要改变产业结构的性质，首先要改变重点产业的性质。

传统的体育产业理论认为，在体育产业结构中，具备这些特征的也只有以体育健身服务业、体育竞技表演业等为主的体育主体产业，即发挥体育自身经济功能和体现体育运动特有价值的体育经营活动方面的产业。理由无外乎是，应充分挖掘最能反映体育运动本质的竞技体育和有着最大空间、前景的群众体育的潜力，使其成为体育产业的重点产业，从而带动体育产业的全面发展。如果依据当前的主流体育产业理论来确定体育产业中的重点产业，似乎只有体育健身表演业具备这样的资格，它带动产生的一些体育制造业、体育零售业，以及体育建筑业、体育金融业、体育旅游业的发展作用是毋庸置疑的，除了产业关联度的影响外，就是重点产业的积极作用。

而当前的现状却是作为体育相关产业的体育用品、体育运动器材装备、运动保健营养饮食品等产业，以及作为体育延伸产业，诸如体育金融业、体育旅游业、体育广告业等方面的经济产值，所占比重远远超过体育主体产业。于

是根据传统产业经济学中的产业结构理论分析，可以得出这样的结论：现阶段我国体育产业结构不够协调，产业结构水平较低。如果我们一定囿于这种理论层面的结论，不考虑现阶段我国体育产业发展的实际，牵强地将所谓的主体产业作为现阶段我国体育产业中的重点产业来看待，难免会影响体育产业的发展。

（二）可用体育产业发展阶段论来避免现阶段关于体育重点产业的争论

美国著名未来学家托夫勒 20 世纪 70 年代在《未来的冲击》中写道："几千年来人类经济发展的历史表现为三个阶段，即产品经济时代（包括前产品经济时代和后产品经济时代）、服务经济时代和体验经济时代。"可以以同样的理论观点结合体育产业的发展阶段来划分体育产业，即体育产业可分为体育产品产业、体育服务产业和体育体验产业。体育产品产业主要是指体育物质产品的生产和经营，包括体育服装、体育器材等产品的生产和经营部门，在体育产业的发展阶段中属于初级或低级阶段；体育服务产业是指以劳务的形式向全社会提供各类体育服务的行业，包括体育竞赛表演、体育健身娱乐、体育咨询培训业等，属于体育产业发展的主要阶段或中级阶段；而随着体验经济时代的到来，体育体验产业也将势不可当地向我们走来，这主要是指以提供满足人的直接参与体育活动愿望的体验式体育产业，诸如体育健身、体育休闲、体育旅游等体育活动，则属于体育产业发展的高级阶段。

在世界经济全球化的今天，体育产业的发展日新月异，对体育产业的研究已没有必要仅仅用"三次产业划分理论"来定义，体育产业的发展阶段顺应了这一潮流趋势。

确立体育产业发展中的重点产业，其意义就在于依据协调化和高度化原则调整体育产业目标，在优先发展体育重点产业的前提下，利用重点产业的作用，带动并协调其他体育相关、延伸产业等，从而全面发展现阶段我国体育产业，使其尽快进入体育产业发展的高级阶段。那么，现阶段如何确定重点产业，是具有"体育"本质属性的诸如体育竞赛表演业、体育健身业为主的体育本体产业？还是依托体育而产生的、不一定具有"体育"本质属性的其他产业？目前而言，后者可能更符合现阶段我国经济发展的现状，依据是结合当前我国国民体育的消费现状，即最大限度满足国民对体育相关产品甚至延伸产品的需求，充分挖掘此类体育产品的经济价值，同时又符合现阶段我国体育产业发展阶段性特征。所以，确定当前体育产业的重点产业十分重要，但不是硬套传统产业经济学的理论，而是应该考虑实际，尤其要符合市场经济的规律，这样对现阶段我国体育产业的发展才具有实际意义。

二、体育发展过程中的主要问题

（一）核心产业非均衡发展

从我国的体育产业发展数据来看，体育产业规模不断拓展，体育经济发展交出了一份华丽的成绩单。但对体育产业的构成指标的细化分析，还表现出了核心产业非均衡发展的问题。具体表现为体育核心产业产值和增加值的规模偏小，且体育用品和相关制造业总产出与增加值较为明显，虽然看似体育产业在创新中得以发展，但进入产业体系的相关主体增多，并不代表产业创新进入了新领域。体育产业的发展，要以协同、均衡为前提。

（二）产业升级的认知偏差

体育产业的转型升级，对新时期体育产业的发展具有重要意义。然而学术界始终存在两种声音,一种认为体育产业的转型升级就是从体育用品和相关制造业向体育服务业转移。另一种认为结构性升级并非产业升级,产业升级的根本是要在产品技术的改造基础之上,增加产品的附加值,赋予体育产业的发展能力。但显然这两种声音都有其偏颇和不同侧重,产业升级和认知的偏差依旧存在。

第三节 高校体育产业的现状及面临的问题

高校体育产业也是源于社会中的市场经济,在市场经济的统一作用下进行开展和实施的,高校体育产业也成为市场经济作用下的必然产物,但目前我国高校体育产业的发展形态还处于初级和落后水平,尤其是在高校体育资源的开发利用上还存在差距,需要不断地建立健全高校体育产业的模式,从而推进发展,使得高校体育产业在推动市场经济发展方面起到助推器的作用。

高校体育产业的发展受到了我国国民经济的制约和限定,很大程度上,高校体育资源不能被科学地应用和合理地开发,导致了高校体育资源无法满足当前社会体育产业市场的需求,尤其是在体育产品,体育服务以及体育赛事方面,都存在着较为明显的不足和差距,无法在社会和高校体育产业之间进行灵活的切换。

现如今体育消费市场中出现了发展的局限性,尤其是针对体育运动的器材以及服装消费较为集中,并没有大面积地开拓出消费市场,随着社会经济的快速发展,人们也逐步提高了对自身健康的关注度,在参加体育运动的过程中也刺激了体育方面的消费,使体育产业中的消费持续发展,体育产业在社会经济中所占比例和地位不断地增强，也促使体育消费市场的全面协调发展，直接转化为高校体育产业的发展。

一、高校体育产业的现状

体育产业是我国国民经济的重要组成部分，在当今的经济大背景下，我国的体育产业也正在由"以体为本，各种经营"的创收模式向"本体推进，全面发展"的产业化方向发展。而高校体育产业作为当代体育产业的一部分，其发展不仅受到当代体育产业的制约，更受到我国经济总体发展水平的制约。因此，分析高校体育产业的现状对于全面认识我国经济发展水平，为其提供合理化建议和举措具有至关重要的作用。

经济的发展必然带动体育产业的发展，体育产业是为了满足人们对体育消费的需求而使体育产品或体育劳务进入市场运作的产业门类。高校体育产业作为我国体育产业的一部分，其现状不仅与当代体育产业的发展息息相关，更与高校教育事业的发展有着密切的关系。目前，我国的高校教育事业得到了大力发展，高校开展了更多、更实用的高校体育教育课程。尤其是随着高校教育改革的不断推行，素质教育成为高校教育的核心内容，其所培养的已不仅仅是理论型人才，而是理论与实践相结合，具有专业能力和综合能力的高素质人才，这为以后高校体育产业的发展提供了优秀的人力资源保障。

随着体育产业市场化程度的不断加深，高校体育市场作为体育市场的一部分，与社会的体育市场相比，拥有更多的优势。首先，在体育设施上，我国高校拥有丰富的体育场馆和各种体育器材设备，不仅可以满足教学的需要和日常的学生训练，而且可以对外开放，满足社会公众的体育消费需求，如体育俱乐部、健身运动、举行体育赛事等。

其次，高校拥有优秀的体育人才，他们经过学校系统、专业的训练，拥有专业的体育技能，是未来体育竞技市场中重要的人才储备。

再次，高校拥有大量优秀的体育劳务资源，高校的体育教师不仅拥有系统、专业的体育理论知识，而且具有丰富的运动实践经验，能为体育培训、技术训练指导行业提供优质的服务。

最后，高校还拥有强大的体育科研力量。我国竞技体育的发展、体育市场的拓展以及体育产品的研发都离不开体育科学技术的发展，而我国高校专业的学术水平、先进的科研设备为体育科技的发展奠定了坚实的基础。高校的体育科研成果不仅可以直接推向体育科技信息市场与体育传媒市场，而且可以直接为体育运动训练提供科学的理论指导。

由此可见，在高校体育产业的发展过程中，高校体育市场拥有众多的优势，充分利用好这些优势，对于促进高校体育产业的快速发展有着重要的作用。

然而，我国高校虽然拥有独一无二的资源优势，却没有得到很好的利用，甚至随着体育产业的发展，我国高校在经费预算和场馆维护、保养上出现了资金短缺的局面。相关调查显示，我国近千所高校中拥有体育场馆的占60%，而广东、江苏等地高校则高达90%以上，甚至部分高校出现一校多馆的情况，但是，这些丰富的体育资源却大部分被闲置，没有充分发挥其作用，这是目前在我国高校体育产业发展过程中普遍存在的现状。

二、高校体育产业面临的问题

我国高校体育产业的发展建立在市场经济发展的基础之上，受经济发展规律和体育发展规律的双重支配，且起步较晚，各方面还不够完善。高校体育一旦进入市场化运作，就不可避免地受到社会各方面因素的影响，因此高校体育产业在发展过程中面临着诸多问题。

（一）高校体育产业发展理念缺失

我国高校体育产业在发展过程中所面临的首要问题是高校体育产业发展理念的缺失。受传统思想的束缚，还没有形成清晰、系统的发展理念，市场观念落后，与社会的合作交流较少，这严重影响了高校体育产业的市场化进程，进而阻碍了高校体育产业的发展。

进入 21 世纪以来，科学、教育、经济、思想观念等不断地完善和改革，传统的教育和经济观念已跟不上时代的步伐，无法满足现代化教育和经济发展的需要。高校管理者还未意识到体育产业发展对于高校教育的重要意义，还未形成科学、先进的高校体育产业发展理念，以至于我国高校体育教育与体育产业的发展尚处于分离状态，无法很好地融合。此外，我国高校体育产业化的思想还未形成，指导思想也不够全面，不能很好地融入市场，与社会之间的交流合作严重缺乏。

分析我国高校体育产业化的发展不难发现，我国高校受传统思想的束缚极为严重，缺乏开放的意识，高校领导者和管理者只重视自身的体育教育事业，将教学活动和校内的体育活动作为重点，未能很好地意识到高校体育与社会经济之间的联系。因此，高校体育与社会经济无法形成良好的互动，其相互促进、相互推动的良性关系被抑制，使得社会经济发展所带来的有利条件无法应用到高校体育教育中，而高校体育产业也未能为社会经济的发展做出其应有的贡献。

同时，由于我国高校管理机制不够灵活，缺乏健全的管理机制，落后、传统的经营管理理念无法适应现代化的市场需求，同时还缺乏先进的体育产业指导思想，以致在高校管理者间无法形成系统、专业的高校体育产业市场化发展理念。如在面对扩招和学生规模不断扩大的情况下，高校仍按照传统的理念依靠国家财政的拨款和学校的资金投入维护学校的日常运转，而不是通过自身的优势来发展高校体育产业以弥补资金的不足和带动国民经济的发展。

由此可见，在高校体育产业发展过程中，高校领导者和管理者缺乏资源整合的意识，还未形成高校体育资源社会化、市场化的观念，缺乏先进的高校体育产业发展理念，尤其是在高校体育资源的利用上，缺乏创新意识。

（二）高校体育产业组织紊乱，发展模式单一

随着我国经济的快速发展，高校体育产业的发展也得到了很大的提升。然而，就全国高校体育产业的整体发展水平来看，还存在严重的不足，其中发展模式单一、组织紊乱是目前我国高校体育产业发展中遇到的又一难题。

由于受传统观念的束缚，缺乏先进的发展理念和科学、系统的管理制度，大部分高校在发展其体育产业过程中因循守旧，未能与时俱进且及时地改进管理模式，尤其对高校体育产业的发展未能给予足够的重视，以致高校体育产业出现发展模式单一、结构紊乱的问题。目前，在我国的大部分高校，高校体育教育仍然隶属于体育部，同时又是高校教育不可分割的一部分，这导致体育产业工作的开展处于学校领导和体育部门的双重领导下，既要听命于学校领导又要配合体育部门，使得体育产业事业的发展过于烦琐，无论是从工作开展，还是组织管理的角度，都会导致一定的混乱。此外，倘若体育产业工作在开展过程中遇到问题，由于缺乏统一的管理，各部门之间则难以有效地沟通和协调，且相互之间责任不明确，使得问题难以解决。

（三）高校体育资源闲置，未发挥其优势

高校体育产业在资源上具有得天独厚的优势，这些资源包括完善的体育设施、体育人才的丰富训练与培养经验，以及浓厚的体育科研氛围。这些资源本应为体育产业的拓展和体育产品的研发提供强大的技术支持，成为推动高校体育产业发展的强大动力。然而，现实中我们却发现，这些宝贵的物质资源和人力资源并未得到合理的开发和利用，大部分资源处于闲置状态，没有在高校体育产业的发展过程中发挥其应有的优势。

国家一直对教育领域进行大力投入，特别是随着科教兴国战略的深入实施以及我国成功举办奥运会后，国家对高等教育，尤其是高校体育教育的重视程度不断提升。大量的资金被投入高校体育设施的建设和体育人才的培养中。然而，由于高校体育产业发展理念的缺失以及管理机制的不完善，这些丰富的高校体育资源并未得到充分有效的利用，反而出现了严重的资源浪费现象。

例如，许多高校的体育设施，如现代化的健身房、网球馆、游泳馆、田径场等，大部分时间仅对校内师生开放。在学生没有体育课程或寒暑假期间，这些设施往往处于闲置状态，无人问津。甚至有些设施仅仅是为了应付上级的检查和评估而短暂开放，其余时间则大门紧闭。这种资源的闲置和浪费，不仅辜负了国家的大力投入，也严重阻碍了高校体育产业的发展。

这种资源浪费的现象，实质上反映了高校体育产业发展中存在的深层次问题。一方面，高校体育产业的管理理念和市场意识有待提高，需要更加注重资源的合理利用和市场化运营。另一方面，高校体育产业的人才队伍建设也亟待加强，需要引进和培养一批既懂体育又懂市场的高素质人才，来推动高校体育产业的快速发展。

（四）缺乏高素质、综合型的体育产业人才

作为市场经济的重要组成部分，高校体育产业的发展必然面临市场竞争的洗礼。在激烈的市场竞争中，人才的重要性越发凸显。可以说，市场竞争归根结底是人才的竞争。然而，当前我国高校体育产业的发展却面临着高素质、综合型体育产业人才严重匮乏的问题。这一问题的存在，使得我国高校体育产业在参与市场竞争时处于明显的劣势地位。

从我国高校目前的体育经营管理现状来看，高校对体育经营管理人才的培养并未给予足够的重视。许多高校没有采取有效措施来培养和提升管理人员的专业素质，导致体育产业经营管理人员的综合素质偏低，且数量严重不足。甚至有些高校出现了让体育教师暂代体育产业管理和操作的现象。

这些暂代管理人员往往缺乏体育、经济等专业知识，对市场化运作也不熟悉。因此，他们很难制定出符合当前经济发展趋势的经营模式，难以将高校体育产业与社会经济较好地融合在一起。在这种情况下，高校体育产业在进入市场后自然缺乏足够的竞争力，很容易被其他社会经济体所排挤，故而难以取得预期的经济效益和社会效益。

为了改变这一现状，高校必须高度重视体育产业人才的培养和引进工作。一方面，高校可以通过与相关企业合作、设立实习基地等方式，为在校学生提供更多的实践机会，培养他们的实践能力和市场意识。另一方面，高校也可以积极引进具有丰富实践经验和专业知识的体育产业人才，为高校体育产业的发展注入新的活力。只有这样，才能有效解决高校体育产业人才匮乏的问题，从而推动高校体育产业的快速发展。

第三章　体育消费与高校体育的市场化

体育产业的市场化经营是衡量其科学化发展水平的重要指标，同时也意味着体育产业的运作遵循市场经济的基本规律。在全球化的大背景下，体育产业正逐渐向全球市场拓展，这就要求管理者和经营者在推动产业发展的过程中，必须处理大量复杂的信息，并结合企业的实际情况，根据市场的发展趋势来确定自身的市场定位和发展目标，从而在复杂多变的市场环境中采取适当的管理策略。

为了有效地实现这一目标，体育产业的经营管理者需要对市场化运营的相关概念、理论和规律有深入的了解和掌握。他们必须能够透过市场现象，洞察其背后的本质规律，这是做出正确决策、实现体育产业长期发展的基础。

在市场化的背景下，体育产业的管理者和经营者面临着前所未有的挑战和机遇。他们需要具备敏锐的市场洞察力，以能够迅速适应市场变化，制定出符合市场需求的策略。此外，他们还需要具备良好的创新能力，能够不断推出新的产品和服务，以满足消费者的多样化需求。

对于高校体育而言，市场化发展同样重要。高校体育不仅是培养学生体育技能和健康生活方式的重要途径，还是培养未来体育产业人才的摇篮。因此，高校体育应该积极引入市场机制，通过与企业的合作、举办体育赛事等方式，来提高高校体育的影响力和竞争力，为学生提供更多的实践机会和就业渠道。

第一节　体育消费的认识

一、体育消费的概念、分类及特征

（一）体育消费的概念

在市场经济环境下，体育消费主要指人们用于体育活动以及与体育方面有关的消费。其不仅包括用于购买体育器材、体育书刊等一些实物型的消费支出；还包括观看比赛、体育展览以及各种各样的体育活动、健身俱乐部等参与型消费支出。随着人们对身体健康的重视，体育消费已成为人们日常生活消费的重要组成部分，主要是体育消费者在体育活动方面的个人支出。

根据体育消费的定义又可分为广义的体育消费和狭义的体育消费。广义的体育消费主要指消费者直接或者间接支付与体育相关的一切消费行为，消费者通过支付购买获得一定的价值和使用价值。比如，消费者在网上购买体育用品所需要支付的邮费；消费者为了去观看比赛而需要支付的路费等。狭义的体育消费主要指直接从事体育活动的个人消费行为。比如，为自己购买健身器材、参加健身活动等所要支付的费用。

高校大学生是一个庞大的消费群体，大学生在体育方面的消费，也是推动高校体育经济发展的一个重要原因，其必将成为未来体育消费的主流。因此，大学生的体育消费不仅会影响社会大众的消费方向，也将直接影响体育产业化和市场化的进程。

（二）体育消费的分类

在市场经济环境下，根据体育消费的概念，体育消费有很多种分类，通过对体育消费的种类进行了解，可以有效而及时地掌握体育消费市场，从而促进高校体育经济的发展。

1. 根据体育消费资料的自然属性分类

（1）服务型体育消费。服务型体育消费，顾名思义，主要体现在服务上。这种消费并不仅仅局限于购买具体的物品，而是购买一种体验、一种活动或一种服务。在体育产业中，这种服务型消费具有特殊的地位。它是由体育产业部门专门提供的，以流动形态存在的体育消费资料。简单来说，消费者支付费用，享受的并不是一个固定的产品，而是一系列的服务活动。这些服务活动形式多样，内容丰富。例如，健康咨询就是其中之一。在现代社会，随着人们对健康的重视程度的日益提高，越来越多的人愿意为专业的健康咨询买单。这种咨询可能涉及运动营养、训练建议、伤后康复等多方面，旨在为消费者提供更加科学、合理的运动与健康指导。

此外，体育表演和体育比赛也是服务型体育消费的重要组成部分。消费者通过购买门票，可以现场观看各种精彩的体育比赛和表演，感受那种紧张刺激的氛围，体验运动带来的激情和魅力。这种消费不仅仅是观看一场比赛那么简单，更多的是购买了一种情感体验和精神享受。

（2）实物型体育消费。与服务型体育消费不同，实物型体育消费更侧重于具体的、有形的体育用品。这种消费主要涉及与体育产业相关的企业所生产的各种实物产品。这些产品广泛应用于人们的日常体育活动中，为消费者提供了实实在在的便利和乐趣。例如，运动器材就是实物型体育消费的一大类。无论是羽毛球拍、乒乓球拍，还是跑步机、哑铃等健身器材，都是消费者在日常生活中进行体育锻炼所不可或缺的。这些器材的质量和性能直接影响到锻炼的效果和用户的体验，因此，消费者在选择时会非常注重品牌和质量。除了运动器材，运动食品也是实物型体育消费的重要组成部分。这些食品通常富含营养，旨在为运动员或经常进行体育锻炼的人提供足够的能量和营养支持。比如，蛋白粉、维生素 C 片、运动饮料等都属于这一类。当然，运动服装和体育图书等也是实物型体育消费的重要内容。运动服装不仅要时尚美观，还要具有良好的透气性和舒适性，以满足运动时的特殊需求。而体育图书则可以为消费者提供丰富的体育知识和信息，帮助他们更好地了解和参与体育活动。

服务型体育消费和实物型体育消费各有特点和优势，它们共同构成了体育消费的两大支柱，为人们提供了多元化、个性化的体育消费选择。

2．根据体育消费者通过消费对象获得的不同价值分类

（1）体育消费参与型。体育消费参与型消费模式并不仅仅局限于物质层面的交换，更多地体现在对体育服务、体验和活动的获取与享受。具体来说，参与型体育消费涵盖了诸如参加各类体育活动、健美训练以及健康咨询等多元化服务，而消费者为这些服务所支付的费用，即构成了参与型体育消费的核心内容。这种消费模式的特点在于，消费者支付的不仅仅是商品或服务的费用，更是一种体验、一种健康投资的费用。在参与型体育消费中，消费者直接参与了体育服务消费的过程，他们在参与中直接消费了相关部门所提供的服务。例如，参加体育活动时，消费者享受了活动组织、场地设施以及活动氛围等服务；在进行健美训练时，他们消费了教练的指导、训练设备的使用以及训练计划的制订等服务；在寻求健康咨询时，他们则消费了专业人士的知识、经验和建议。

（2）体育消费实物型。体育消费实物型消费模式涉及的产品种类繁多，从运动器材、运动服装到运动饮料，再到各类体育报纸、杂志、图书和画册等，都是实物型体育消费的重要组成部分。实物型体育消费者实际上可以分为两大类。一类实物型体育消费者主要是为了直接参与体育活动而购买相关的体育

实物。他们可能是运动爱好者，或者是专业的运动员，需要购买如运动器材、运动服装等必需品来保证自己的体育活动能够顺利进行。对于这部分消费者来说，他们购买的体育实物不仅具有使用价值，更承载了他们对体育活动的热爱和追求。另一类实物型体育消费者则并不直接参与体育活动，但他们同样对体育有着浓厚的兴趣。这部分消费者购买体育实物的目的更多是增加对体育的了解，他们可能会订阅各种体育报纸杂志，以获取最新的体育资讯和动态。同时，他们也可能会为了显示自己对体育的偏爱而去购买各种体育纪念品或收藏品。虽然这部分消费者不直接参与体育活动，但他们对体育的关注和热情无疑也为体育产业带来了巨大的市场潜力。

（3）体育消费观赏型。体育消费观赏型，顾名思义，主要是指人们通过购买门票或其他入场券的方式，进入各种体育比赛现场或其他体育活动场所，以观赏的形式来满足视觉上的享受和精神上的愉悦。这种消费模式不仅局限于现场观看比赛，还包括了欣赏与体育相关的影视录像、展览等多种活动。在现代社会，随着人们生活水平的提高和休闲娱乐方式的多样化，观赏型体育消费逐渐成为一种流行的休闲方式。人们愿意花费一定的金钱来购买门票，进入热血沸腾的赛场，亲身感受那激动人心的比赛氛围。无论是足球、篮球、网球，还是其他任何体育项目的比赛，现场观赏都能带给人们无与伦比的刺激和享受。观赏型体育消费还涵盖了观看与体育有关的影视录像。对于那些无法亲临现场或者想要重温精彩瞬间的观众来说，这是一种极佳的替代方式。他们可以在家中或影院里，通过大屏幕就能欣赏到运动员们的精湛技艺和激烈对抗，同样也能感受到体育比赛的魅力和激情。除了现场观赛和影视录像观赏，体育展览也是观赏型体育消费的重要组成部分。这些展览通常会展出各种珍贵的体育文物、历史资料和精彩瞬间，让观众们能够更深入地了解体育的发展历程和文化内涵。通过观赏这些展览，人们不仅可以增长知识，而且能在视觉上得到极大的满足。

在市场经济环境下，人们现实的消费行为方式有很多种类型，这些体育消费的类型往往交织在一起，很难划分开。但是在一定的特殊情况下，从某一种特定的角度来划分，还是可以把体育消费分为很多类型的。

（三）体育消费的特征

体育产业作为社会主义市场经济的重要组成部分，对我国经济的发展具有重要的作用。在市场经济环境下，体育消费呈现出很多不同的特征。

1. **体育消费需求的多样化**

在市场经济环境下，体育消费者呈现多样化的体育消费需求，从现在的市场情况来看，大致可以把体育消费者的需求分为以下三类：

（1）稳定型消费者：这类群体已将体育消费内化为其生活方式的一部分，体育开支成为其家庭预算的固定组成部分，独立于其他消费决策之外，显示了体育消费习惯的稳定性。

（2）规律型消费者：尽管尚未形成每日体育锻炼的习惯，但他们能够维持周期性的体育消费，体现出了一定的规律性。比如，周末定期去参加体育活动或购买健身季票。

（3）随意型消费者：这类消费者的行为更加自由灵活，体育消费行为受个人即时需求、兴趣或情绪驱动，缺乏固定模式，反映出体育消费的即兴和个性化特征。

2. **体育消费水平的多层次**

当前，随着我国经济的持续发展和人均收入水平的稳步提升，人们的生活质量得到了显著提高。然而，这种进步并不是均衡的，收入差距的扩大趋势也逐渐显现出来。这种收入差距不仅影响了人们的日常生活水平，更在体育消费方面体现出了显著的差异。由于家庭收入的差距，不同家庭在体育消费上的投入和能力自然也大相径庭。一些家庭由于经济条件相对较好，因此在体育消费上会有更大的自由度和选择空间；而另一些家庭则可能因为收入有限，只能在体育消费上做出更多的权衡和取舍。这种消费能力的差异，使得我国的体育消费市场呈现出了多层次、多元化的特点。

从体育消费者的支出来看，我们可以将体育消费大致分为两大类。一类是追求实用型的体育消费。这类消费者收入中等以下，他们在体育消费上的需求很简单，更注重性价比。在购买体育用品或参与体育活动时，他们更倾向于选择那些价格适中、性能稳定、能够满足基本需求的产品或服务。对于他们来说，"物美价廉"是选择体育消费的重要标准。另一类则是讲究品牌的体育消费。这类消费者通常收入较高，有更强的消费能力和购买意愿。在购买体育用品时，他们更看重品牌的价值和影响力，认为知名品牌的产品往往意味着更高的质量、更好的舒适度和更独特的品位。对于他们来说，体育消费不仅仅是为了满足基本的需求，更是一种享受生活和展示自我个性的方式。因此，他们更愿意为知名品牌买单，以此来提升自己的生活品质和社交形象。

3. 体育消费方式的选择性强

由于我国的体育消费者之间存在收入水平和文化程度的个体差异，这使得每个人对于体育消费的需求和偏好都各有不同。同时，随着市场经济的快速发展，可供体育消费者选择的体育消费方式也日益多样化，为消费者提供了更广阔的选择空间。现在，体育消费者可以根据自己的兴趣爱好和经济实力，在多种锻炼方式中自由选择。例如，有的人可能更喜欢在家庭的舒适环境中进行锻炼，那么，他们可以选择购买家用健身器材，或者通过在线健身课程来进行锻炼，这样既方便又私密。有的人则可能倾向于参加健身俱乐部，享受专业的健身指导和完善的设施服务，同时也能与其他健身爱好者交流互动。还有一些人热爱户外运动，他们可能会选择在大自然中锻炼的方式，如徒步、骑行等，既能锻炼身体又能享受大自然的美丽风光。当然，也有很多人喜欢在体育馆等专业场所进行锻炼，以追求更高的运动效果和体验。然而，无论体育消费者选择哪一种锻炼方式，都需要有一定的经济基础作为支撑。因为无论是购买健身器材、支付健身课程费用，还是加入健身俱乐部或租赁体育馆场地，都需要消费者承担一定的费用。因此，经济实力在很大程度上决定了体育消费者的选择范围和锻炼方式。

4. 体育消费的需求性弱

相较于基本生活需求，如食物、衣物和住所等，体育消费的需求性显然处于相对较弱的位置。这是因为体育并不是维持生命存续的必需品，它不像食物那样是每日必需的，也不像医疗那样关乎生死，更不像教育那样对未来有着深远的影响。因此，在人类的需求层次中，体育消费往往被排在了相对次要的位置。然而，这并不意味着体育消费不重要。事实上，随着社会的发展和人们生活水平的提高，健康意识逐渐深入人心，体育消费在提升生活质量和幸福感方面的作用也日益凸显。过去，人们可能会更多地关注于满足基本生活需求，而现在，越来越多的人开始重视身心健康，愿意投入更多的时间和金钱来进行体育锻炼和健身活动。这种转变的背后，是人们对生活质量追求的升级。在满足了基本生活需求之后，人们开始追求更高层次的需求，如身心健康、精神愉悦等。而体育消费正是满足这些高层次需求的重要途径之一。通过参与体育活动，人们不仅能锻炼身体、增强体质，还能在运动中感受到快乐、释放压力，从而提升生活质量和幸福感。

5. 体育消费水平具有差异性

受到经济发展水平的影响,体育消费水平具有差异性。一般来说,我国沿海地区经济发达,人们收入水平高,体育消费的水平也相对较高。在一些农村地区和偏远地区,体育消费几乎一片空白。即使是在同一地区,也存在着体育消费水平的差异,经济收入水平高的体育消费者,一般会选一些高档的体育运动项目;而经济收入水平低的体育消费者,一般会选择收费较低或者免费的体育运动项目。

6. 体育消费品商品化

体育消费产品只有满足了人们身体健康和享受的需要,才能体现出它的使用价值。因此,当社会体育消费者与提供者双方通过体育产品或服务相结合时,就实现了劳动交换,通过交换才会显示出其商品性的特征。对于体育消费品的效益,不能完全用金钱来衡量,有的体育消费品的价值主要体现在社会价值和经济价值两方面的数量、质量及人们需要的满足程度上,这是用金钱无法衡量的。

二、体育消费的作用

身体健康一般需要通过体育锻炼才能够获得,所以体育消费作为一种健康投资行为,必然能够给体育消费者带来一定的消费效益。因此,体育消费的效益是指人们购买一定的体育实物消费资料并且通过使用它而实际得到的体育消费需求的满足程度。体育消费的效益有多个考察方面,一般主要从两方面考察:经济效益的角度与社会效益的角度。在很多场合,体育消费的经济效益和社会效益是相互联系的,很难把两者区分开来,因此,通常把它归结为社会经济效益。同时,体育消费的效益和体育产品本身的功能及作用也存在一定的联系,但是又有所不同。体育消费的社会经济效益主要有以下几方面:

（一）体育消费有助于提高人们的身体素质

体育消费不仅关乎个人的身心健康，更在宏观层面对整个社会的劳动生产率和人们的全面发展产生深远影响。通过体育消费，人们投入各类体育活动和健身锻炼中，这些活动直接促进了身体的强健和体质的提升。经常参与体育锻炼的人，其体能、耐力和反应速度等身体指标都会得到显著提高，这使得他们在日常工作中能够更高效地应对各种挑战，从而减少因身体疲劳而导致的错误和事故。此外，体育消费还间接促进了智力的开发。科学研究证明，适度的体育活动能够刺激大脑活动，提高思维敏捷性和创新能力。这意味着，那些重视体育消费的人，在解决问题、制定策略等方面可能会更加得心应手，从而在工作中展现出更高的智力水平。

体育消费在预防疾病和职业病方面也发挥着不可替代的作用。许多职业病，如颈椎病、腰椎病等，都与长时间保持同一姿势工作有关。而定期的体育活动和锻炼能够有效缓解这些压力，预防这些疾病的发生。一个健康的员工意味着更少的病假和更高的出勤率，这无疑会提高企业的运营效率。

（二）体育消费有助于体育馆的开发和利用

体育消费的重要性不仅体现在个人层面，更在推动体育馆设施向社会开放、促进其发展方面具有显著作用。随着社会大众对体育活动的热爱和参与度的不断提升，体育馆作为体育活动的重要场所，其开放程度和使用效率直接关系到体育消费的质量和广度。

体育消费的增长推动了体育馆设施更加开放和包容。为了满足不同消费者的需求，体育馆必须提供更加多样化、专业化的服务。这不仅包括设施设备的更新升级，更涵盖了运营理念和服务模式的创新。通过向社会开放，体育馆能够吸引更多的人群前来消费，从而形成良性循环，推动体育馆的持续发展。

体育消费为体育馆带来了可观的经济收入。随着越来越多的人愿意为体育活动买单，体育馆的门票收入、场地租赁收入以及相关商品销售收入等都会相应增加。这些收入不仅为体育馆的日常运营提供了资金保障，而且为其进一步改善设施、提升服务质量奠定了物质基础。

体育消费的提高还能有效提升体育馆的使用效率和社会效益。当体育馆设施得到充分利用时，其社会效益也会最大化。这不仅避免了资源的闲置浪费，更让体育馆成为促进社区健康、增强社会凝聚力的重要平台。人们在体育馆中锻炼身体、交流技艺、增进友谊，这些活动都在无形中提升了体育馆的社会价值。

（三）体育消费有助于人们精神意志的培养

体育消费不仅关乎身体健康，更在精神和心理层面为人们带来了深远的影响。在当今快节奏、高压力的社会环境中，体育消费成为一种重要的压力和情绪的释放途径。通过参与体育活动，人们可以暂时抛开生活的烦恼，全身心投入运动中，感受汗水带来的快乐和成就感。这种体验不仅陶冶人们的情操，更激发了人们的进取精神和拼搏精神。在运动中，每个人都有可能面临挑战和困难，但正是这些挑战，激发了人们不断进取、勇往直前的决心。无论是独自挑战自我，还是与他人竞技，体育消费都为人们提供了一个展示自我、证明自己的舞台。同时，体育消费也培养了人们的竞争意识和团队合作精神。在竞技场上，每个人都要面对竞争，这种竞争不仅是体能的较量，更是智力和策略的对抗。而团队合作则要求每个成员放下个人英雄主义，学会倾听、协作和信任。这样的经历对于人们的全面发展至关重要，它不仅锻炼了身体，更在心理和社交层面为人们带来了宝贵的成长。

三、体育消费水平的衡量

（一）体育消费水平的概念

体育消费水平是指按照人均体育实物消费资料及体育服务消费资料的消费数量来反映人们的体育消费状况，可以用货币单位表示。体育消费水平主要表现了一定时期内人们对体育消费品的实际需要程度，简单地说是反映了人们实际的体育消费品数量的多少和质量的高低。一般情况下，人们体育消费水平的高低直接反映出一定时期内社会生产力和社会经济的发展程度，也反映出一定时期内人们对于体育消费观念的增减状况，同时还反映了社会经济文化建设的发展状况。

根据体育消费水平的概念可以看出，体育消费水平越高，则体育消费在日常生活消费中所占的比重就越大。因此，研究者可以通过对体育消费水平的研究，来了解不同层次的体育消费需求以及体育消费的状况。所以，体育市场的开发应根据体育消费水平的不同，适时地开发并生产不同类型、不同价格的体育消费品，才能满足不同层次的体育消费需求。

（二）体育消费水平的衡量标准

1. 体育消费价值总量

体育消费价值总量是一个综合性的衡量指标，它是指消费者在一定时期内用于体育消费方面开支的货币总量，它反映了一定时期内整个社会体育消费水平的高低。

2. 体育实物消费资料的消费总量

体育实物消费资料的消费总量，主要是指在一定的时期内社会所生产的用于体育实物消费资料中已经被体育消费者购买的那部分体育消费资料总量。通常有以下两种表示方法。

第一，用体育消费者消费掉的那部分体育资料的产品数量表示。也就是已经被体育消费者购买并且正在使用的体育实物消费资料的总数量。

第二，用价值单位来表示。由于平常体育消费者所购买的体育实物消费资料在它的物理性、形态、价值量等属性上的不同，难以对其做出正确的评价计算。所以，对于计算体育实物消费资料的消费总量都是以货币单位表示的。

体育实物消费资料的消费总量指标，一方面反映了一定时期内与体育消费产品有关的产业生产供给情况，另一方面反映了社会体育消费者对体育实物消费资料的有效需求状况。

3．体育服务消费资料的消费总量

体育服务消费资料的消费总量，是指在一定时期内社会所提供的体育服务消费资料中已被体育消费者所购买的那部分价值量。在我国社会主义市场经济条件下，体育服务消费的资料越来越多地以商品的形式出现，因此，这种体育服务消费资料的消费数量可以用货币单位来表示。通常情况下，这一指标能大体反映出社会体育服务消费资料的市场供需状况，同时也能反映体育产业部门的生产状况及大众体育的普及程度。

4．闲暇时间体育消费的时间总量

闲暇时间体育消费的时间总量，是指除了正常的日常工作、满足基本生理需要、必要的家务劳动以及照料和教育后代等的时间之外，可供个人自由支配的用于休闲、娱乐、交际等活动的时间。社会所拥有的余暇时间总量归根结底取决于社会生产力的发展水平。一般来说，社会科学技术的进步、生产力的发展和人们闲余时间的增加是成一定比例的。人们只有有了一定的闲暇时间，才能参加体育锻炼活动，时间是参加体育活动的前提，也是人们参与体育消费的重要条件。因此，余暇时间里用于育消费的时间总量是衡量社会体育消费水平的重要标志。

第二节 体育消费推动高校体育市场化发展

在市场经济环境下，我国的体育产业蓬勃发展，竞技体育和群众体育也得到了很大的发展，而且呈现上升的趋势。高校体育作为体育产业的重要组成部分，相对于体育产业的其他体育，在产业化道路上起步比较晚，发展落后，而且发展的速度也非常缓慢。在当前的市场经济环境下，高校体育产业走市场经济的道路是必要的，高校只有通过走市场经济的道路，发展高校体育经济产业，才能够为学校的建设获取物质上的保障，并且为高校的体育事业注入新的活力，带来新的发展理念。

高校体育产业的发展不仅能为高校自身的发展带来利益，同时也能给社会体育产业的发展提供帮助，符合人们的利益。我国的高校有很多，并且每所学校的性质和实际情况都不相同，各所高校的体育产业发展水平也参差不齐。所以高校体育产业的发展要结合自己学校的实际情况，制定合理有效的发展方式，根据学校资源的优势和当地的社会经济发展状况，积极地开发相关市场，形成有特色的高校体育产业。

一、我国高校体育市场存在的问题

随着市场经济的发展，经济制度的不断完善，高校体育市场也在不断发展，但由于过去我国高校的发展没有形成产业规模，学校建设方面的主要资金来源是国家拨款，所以发展的速度比较缓慢。这些年，我国的高校也纷纷开始发展体育产业，以期为学校的长远发展取得一定的物质保障。目前，我国高校体育市场的发展现状存在多方面的问题，解决这些问题有助于高校体育市场得到更好的发展。

（一）高校体育市场化整体现状不佳

目前，我国的体育产业正在蓬勃发展，但是高校体育市场化的发展还处于萌芽阶段，使得高校丰富的体育资源没有很好地利用起来，并且也没有转化为经济效益为高校的体育建设发展做出贡献。当前，我国许多高校的体育活动通过寻求企业赞助，采用冠名、促销、宣传等方式有意识地引进市场。但是学校体育活动是以教学为目的的，之前没有进行过市场活动的行为，因此高校体育市场缺乏操作市场的理论和实践指导，融资手段单一，操作方法不完善，使得高校体育市场的发展影响力不大，对社会的投资者吸引也小，因而降低了投资者的参与热情。我们应该认识到，高校体育具有极大的市场潜力。同时，高校还拥有大量的人力资源，这些资源优势都还有待于进一步的开发和利用。

（二）高校体育经济发展模式落后

与社会上的一些企业不同，高校不是以营利性为目的，这对于高校的建设有很大的影响。高校相对于社会一些企业单位在经济发展上是封闭的。高校过去重视教学任务，没有意识到体育经济发展的重要性。所以，高校体育经济产业的发展缺少与社会企业单位的交流合作，使得高校体育市场发展模式单一，管理落后。高校没有把自身丰富的资源充分利用起来形成一定规模，这挫伤了高校体育教师开发体育市场的积极性。高校体育馆组织的有偿体育培训班和健身锻炼，在服务内容上单一，规模较小，短期内很难取得成效。高校一些体育建设的发展模式不能适应市场经济发展需要，使得高校没有获得应有的经济效益，从而影响了高校的体育建设。

（三）高校体育经济发展观念落后

在过去，公办高校都是依靠国家的财政拨款，习惯了等到国家的拨款后才开始对学校进行建设，没有拨款，就停滞不前。这让许多人认为高校体育只是高等教育的一个附属品，高校体育存在的意义仅仅局限于为教育教学服务，即主要是完成培养教育目标的最高使命，而不以营利为目标。所以高校想依靠国家的财政拨款完成建设和发展是不可能的，而高校通过市场从社会获取资金又很困难，因为陈旧落后的观念阻碍了高校体育经济发展观念的市场化，使得高校体育的发展长期处于落后状态。在市场经济环境下，市场经济强调竞争和市场机制在资源配置中的作用。然而，我国的高校体育产权归学校所有，并不归个人所有，因此不能真正实现自主经营、自负盈亏。

（四）高校体育经济发展资金不够

自改革开放以来，随着我国经济的快速发展，对教育改革的不断探索，国家对于教育方面的投资比重逐年增加。由于过去我国整体经济发展模式比较单一，没有形成多元化，对于第三产业的发展不够重视，使得高校体育产业在教育中的地位没有得到充分重视。随着近几年高校的不断扩招，成本增加，高校在学校建设方面的资金投入多以校区面积、教学楼、学生宿舍为主，对于体育方面的投入相对较少，从而严重阻碍了高校体育经济的发展。随着人们对身体健康的重视，高校体育馆的基础设施不够完善，设备陈旧，没有及时更新，因此无法满足快速增长的体育需求。

（五）高校体育经济发展缺少开发市场的人才

我国高校体育市场经济的发展，一定要结合现有的条件与自身的具体情况进行体育市场开发。把能够纳入体育市场的经营成分推向市场，进行综合性开发，发挥现有体育场馆设施的最大潜力，避免大量设备闲置，造成资源浪费。虽然高校是培养人才的地方，在高校中聚集了一批集学历、教学、科研、职称于一身的体育人才，但是缺少既懂体育又懂市场经济和管理的人才，不能满足高校体育市场化的人力资源需求，这一因素是影响高校体育经济发展的重要因素。

（六）高校体育没有特色的体育品牌项目

目前，我国的高校体育项目除教学科目以外，学校的竞赛项目与国际大赛的项目基本上一样。学校没有形成自己的体育品牌优势，也没有发挥其地域性特色和高校自身的特色，这些使得高校体育有的比赛项目发展得很好，有的比赛项目的发展比较落后。同时，学校领导没有充分意识到体育品牌的重要性，这些都制约了高校体育的市场化。

二、我国高校体育市场化的必要性

进入21世纪以来，我国经济以惊人的速度增长，稳居全球第二大经济体。在这波澜壮阔的经济发展大潮中，体育产业如一颗璀璨的新星，正以其独特的魅力吸引着越来越多的投资目光。体育产业不仅成为推动经济增长的重要力量，更在人们追求健康、高品质生活的当下，显得尤为重要。

高校体育，作为体育产业的重要组成部分，其市场化进程也日渐成为社会关注的焦点。面对市场经济的迅猛发展和人们健康观念的转变，高校体育市场化的可行性与必要性越发凸显。

（一）市场经济的快速发展

进入21世纪以来，我国经济取得了举世瞩目的成就，发展到现在，已经成为全球第二大经济体，各种市场机制也在不断完善。随着市场经济的发展，体育产业也在不断快速发展，成为各产业经济发展中的朝阳产业。作为体育经济中不可缺少的重要组成部分的高校体育，要想获得自身的发展，必须依靠市场。所以高校体育要抓住这一机遇，顺应历史潮流，改变过去传统的发展模式，与市场接轨，从市场中获得经济效益，这样才能使高校的建设得到长远的发展。

（二）人们对身体健康的重视加强

在经济快速发展、物质水平不断提高的今天，由于长时间的工作、生活步伐的加快以及心理压力增大，使得人们的身体健康水平呈现下降趋势。因此，人们在获得物质的同时，对身体健康的认识也越来越重视。越来越多的人通过各种体育运动来增强体质，从而缓解心理压力。但是，目前社会的公共体育运动基础设施不健全，很难满足体育消费者的需求。所以高校要抓住社会体育设施不完善这一缺点，通过自身的有利条件，引入市场机制，向产业化过渡，大胆地进入市场，为高校的长远发展做准备。

（三）高校丰富的资源优势

高校拥有丰富的资源优势，不仅体现在消费者的数量上，还体现在人才上。高校是向社会培养、输送人才的基地，所以高校的体育运动在教学、训练、科研等方面都具有很强的优势。如果能把这些优势充分发挥出来，高校的市场化将会得到充足的发展。高校在体育建设方面也有很大的优势，不仅体现在项目的完整上，也体现在基础设施建设的完备上，这些优势是其他单位所不具有的。因此，这些优势为高校体育产业市场化的发展提供了稳固的保障。

（四）市场化能够解决高校经费不足的问题

随着我国高校的快速发展与数量的增加，一些高校由于经费不足，在学校建设上举步维艰。一些体育教学的配套性设施不能得到更新，以致影响到教学的质量。在这种情况下,高校体育应自谋发展,积极寻找发展的空间,通过走市场化的道路,把社会的力量引入高校,让高校体育进入市场,使高校获得一定的经济效益。这样不仅可以减轻国家财政负担,也可以减轻学校的负担,还可以解决高校发展过程中遇到的资金不足问题,同时使得高校的资源能够得到合理的利用。

三、体育消费对高校体育市场化发展的推动作用

(一)拓宽资金来源,提升设施水平

体育消费的增加,无疑为高校体育市场化发展注入了强大的动力。这一增长趋势不仅为高校体育带来了稳定的资金来源,更为其设施水平的提升提供了有力保障。

从资金来源的角度来看,高校体育市场化的发展使得体育消费成为一个重要的收入渠道。通过开放体育场馆、举办体育赛事、提供体育培训等方式,高校能够吸引更多的社会消费者,从而实现体育消费收入的增加。这些收入不仅为高校体育的持续发展提供了资金保障,更为其改善设施条件、提升场地设施质量提供了可能。

在设施水平的提升方面,体育消费的增加使得高校有了更多的资金用于引进先进的体育器材和设备。这些先进的器材和设备不仅能够满足高校体育教学和训练的需求,更能够提升教学和训练的效果。同时,高校还可以利用这些资金对现有的体育设施进行改造和升级,使其更加符合市场化发展的需求,为师生和社会消费者提供更加优质、便捷的体育服务。此外,体育消费的增加还促使高校更加注重体育设施的多元化和个性化发展。为了满足不同消费者的需求,高校需要不断创新和优化体育设施,以提供更加丰富多样的体育产品和服务。这不

仅有助于提升高校体育的市场竞争力，还有助于推动整个体育产业的持续创新发展。

（二）促进体育教学改革，提升教学质量

体育消费的增加，不仅为高校体育带来了经济上的收益，更为其教学改革和教学质量的提升提供了强大的驱动力。在这一背景下，高校体育必须不断优化教学内容和方法，以适应市场需求和消费者的期望。

从教学内容来看，传统的体育教学往往侧重于理论知识和基本技能的传授，而在体育消费驱动下的市场化发展中，高校体育需要更加注重教学内容的实用性和针对性。这意味着，高校体育必须紧跟时代步伐，不断更新教学内容，引入新兴的、受欢迎的体育项目，以满足学生的多元化需求。同时，高校还应注重将体育教学与实际应用相结合，例如，通过组织体育赛事、体育活动等方式，让学生在实践中掌握体育技能和知识，从而提升其综合素质。

在教学方法上，高校体育也需要进行创新和优化。传统的填鸭式教学已经无法满足现代学生的需求，而更加注重互动性、体验性和个性化的教学方法则更受欢迎。因此，高校体育教师应积极探索和实践新的教学方法，如情景教学、合作学习、项目式学习等，以激发学生的学习兴趣和积极性。同时，高校还可以利用现代信息技术手段，如虚拟现实、人工智能等，为体育教学提供更加丰富的教学手段和工具，以进一步提升教学效果。

体育消费的增加还为高校体育教学提供了更多的实践机会和平台。通过与社会体育机构、企业等合作，高校可以为学生提供更多的实习、实训机会，让学生能够在实践中更好地掌握体育技能和知识。这不仅有助于提升学生的实践能力和就业竞争力，还能够为社会培养更多符合市场需求的高素质体育人才。

（三）推动体育产业发展，形成良性循环

高校体育市场化发展不仅促进了体育消费的增加，更深层次地，它推动了整个体育产业的蓬勃发展，并形成了一种良性循环机制。这种机制不仅提升了高校体育的市场竞争力，还为体育产业的持续健康发展注入了强大的动力。

从产业效应来看，高校体育市场化发展通过举办体育赛事、开展体育培训等方式，成功吸引了更多的社会资源和资本进入体育领域。这些资源和资本的注入，为体育产业提供了丰富的物质基础和广阔的发展空间，从而推动了体育产业的多元化发展。具体而言，体育赛事的举办不仅带来了直接的门票收入，还通过广告赞助、媒体转播等方式创造了巨大的经济价值。同时，体育培训作为体育产业的重要组成部分，也随着市场化的发展而不断壮大，为社会提供了更多的体育服务和就业机会。

更为关键的是，这种体育产业的发展又进一步促进了体育消费的增加。随着体育产业规模的不断扩大和产品质量的不断提升，越来越多的人开始关注并参与到体育活动中来，从而推动了体育消费的持续增长。这种消费的增长不仅为体育产业带来了更多的市场需求和商机，也为高校体育市场化发展提供了更加广阔的市场空间和潜力。

在这种良性循环的机制下，高校体育市场化发展与体育产业发展相互促进、共同繁荣。一方面，高校体育市场化发展为体育产业提供了丰富的人才资源和创新动力，推动了体育产业的不断创新和发展。另一方面，体育产业的发展又为高校体育市场化发展提供了更多的市场机会和收入来源，进一步提升了其市场竞争力和发展潜力。

高校体育市场化发展通过推动体育产业发展、形成良性循环机制，不仅提

升了自身的市场竞争力,还为整个体育产业的持续健康发展做出了重要贡献。未来,随着高校体育市场化发展的不断深入和体育产业的持续繁荣,我们有理由相信,这种良性循环机制将发挥更加重要的作用,为体育事业的蓬勃发展注入更加强劲的动力。

(四)增强体育意识,培养终身体育习惯

体育消费的增加,不仅在经济层面推动了高校体育的市场化发展,更在深层次上增强了人们的体育意识,培养了终身体育的良好习惯。这一社会效应对于提升国民素质、促进社会和谐具有深远的意义。

体育消费的增加,意味着越来越多的人开始愿意为体育活动和体育服务付费。这种付费行为的背后,反映出的是人们对体育价值的认可和追求。通过参与体育活动和享受体育服务,人们能够更加直观地感受到体育对身心健康的积极影响,从而更加深刻地认识到体育的重要性。这种认识的提升,进一步激发了人们参与体育锻炼的热情和动力,形成了积极向上的体育氛围。

高校作为体育人才培养的重要基地,其市场化发展在增强体育意识、培养终身体育习惯方面发挥着举足轻重的作用。通过市场化运作,高校能够吸引更多的学生参与体育活动,为他们提供更多的体育锻炼机会和平台。在这些活动中,学生们不仅能够学到体育知识和技能,而且能够感受到体育带来的快乐和成就感,从而逐渐培养出对体育的浓厚兴趣和热爱。这种兴趣和热爱,将伴随他们一生,成为他们终身体育习惯的重要支撑。

终身体育习惯的培养,对于个人和社会都具有重要意义。对于个人而言,终身体育习惯能够帮助他们保持健康的身体状态,提高生活质量,减少医疗支

出，从而实现身心的全面发展。对于社会而言，终身体育习惯的培养有助于提升国民的整体素质，增强社会的凝聚力和向心力，进而促进社会和谐稳定。同时，一个拥有良好体育习惯的社会，也将更加充满活力和创造力，为国家的繁荣富强注入不竭的动力。

体育消费的增加，不仅推动了高校体育的市场化发展，更在深层次上增强了人们的体育意识，培养了终身体育的良好习惯。这一社会效应对于提升国民素质、促进社会和谐具有深远的意义。因此，我们应该进一步推动体育消费的增加，促进高校体育的市场化发展，为培养更多具有终身体育习惯的高素质人才做出更大的贡献。

第四章　高校体育产业经营管理

第一节　体育产业经营与管理的理论与环境

一、体育产业经营与管理的基本理论

（一）体育产业经营管理的概念及要素

1. 体育产业经营管理的概念

体育经营指的是，在充分利用自身资源的前提下，体育经营单位能够在遵循市场规律的前提下，持续生产体育商品并进行交换的一种有组织的经济活动。

在整个体育领域中，体育经营活动只是其中的一种，所指代的是所有以体育活动为内容的，以营利为最终目的的，并通过商品的形式进入流通领域的一种经营活动。从现代体育经营活动的发展来看，其活动形式多种多样，并且含有丰富的内容，蕴含多项功能，包括竞技、娱乐、文化、表演等。

体育产业经营管理指的是一个国家的体育产业中，处于高级层次的管理者对低级层次的管理客体，通过一系列手段来实现既定目标，对他人的活动进行协调的一种活动过程，所使用的手段主要包括领导、组织、决策、控制、创新等。对于体育产业的市场化管理来说，其主要目的是促进体育竞技效益最大化的实现，在这一过程中，需要使用到科学的管理方法和管理手段。

2. 体育产业经营管理的要素

在经济管理学范畴，认为体育产业经营管理应当由体育产品、环境要素、人力资源、财力资源、物力资源这五方面的要素所构成。

（1）体育产品。体育产品是体育经营单位开展体育经营活动的基础，并且体育经营者相关活动的开展也是围绕体育产品这个中心来开展的。体育产品主要可以分为以下三类：

1）体育劳务产品：如运动竞赛、体育表演、健身辅导、场馆服务等。

2）体育实物产品：如运动器材、运动服装、运动饮料及各种运动营养补剂等。

3）体育精神产品：如体育报纸杂志、图书画册、影视录像等。

（2）环境要素。体育产业经营管理的环境要素，实际上指的就是市场要素。当前，我国实行的是社会主义市场经济体制，体育经营环境中最为基本的要素就是市场，在体育商品生产经营者的有效运营下，市场可以为其提供更加广阔的生存空间，大多数体育商品经营活动都需要通过市场这个活动场所来进行。

（3）人力资源。在体育产业朝向市场化发展的过程中，其中的人力资源部分是通过管理者和被管理者两方面来组成的，这构成了体育产业经营管理的主要活动主体。

体育产业经营状况的好坏，对企业内部人力资源素质的高低具有重要的影响作用，并且对于充分调动员工的工作积极性、高质量完成企业经营任务、提高企业效益方面都具有重要的意义。通常情况下，体育产业经营管理者应当具备的素质包括以下几方面：

1）掌握体育发展的一般规律和体育市场的发展规律。

2）能够熟练运用现代科学的经营管理的方法。

3）具有扎实的经营管理知识和较强的经营管理能力。

4）熟悉体育运动的规律和特点。

随着现代经济的高速发展，体育产业的发展也迎来了新的契机，体育经营管理活动所面临的各种不确定因素也在逐渐增加，环境也变得更为复杂。在这种情况下，要想不断提高体育产业的经营效益，对于管理者来说，就必须要能够充分掌握现代企业经营管理理念，并能够熟练对其运用，从精神层面能够对体育管理活动形成正确的认知。此外，体育产业的管理者还必须要对体育管理系统的构成要素和组成结构有明确的把握，并能够在未来的体育产业实践管理活动中逐渐形成科学的思维模式。

（4）财力资源。所谓的财力资源，实际上指的就是资金，这是任何一项体育活动都不可缺少的因素，同时也是体育企业开展各项体育活动的基础。

体育企业在体育市场运营过程中，组织的所有活动都必须要有一定的资金支持，这是各项体育经营活动开展的基础。从我国体育产业经营活动所需要的财力资源来说，其主要有两个来源：

1）国家财政拨款：在计划经济时期，政府的财政拨款是体育企业活动所需资金的主要来源。随着时代的进步以及人们思想认识的逐渐提高，人们对体育的重视程度也在不断提高，体育成为衡量一个国家综合国力的重要标志，并且在拉动国民经济增长方面也发挥出了越来越重要的作用。在这种情况下，政府也逐年增加了对体育产业发展的资金支持。1995年，全国人大常委会第十五次会议上通过的《中华人民共和国体育法》中明确指出："国家发展体育事业，开展群众性的体育活动，提高全民族身体素质。"在体育事业的发展中，政府要承担的责任以法律的形式被确定下来。

2）社会筹集：当前，我国已经进入了市场经济体制，集资、捐资和借贷这三种资金筹集形式，也成为体育产业发展资金的重要来源渠道。

（5）物力资源。物力资源指的就是生产资料，这是体育企业进行生产所必须具备的条件，同时也是体育企业管理者进行相关的经营活动的物质基础。体育企业所涉及的物力资源所包含的范围极为广泛，凡是与体育相关的工具、原材料、机械，甚至是建筑物等都应被包含进去。对于体育企业的经营管理者来说，其对体育物力资源进行管理的主要目的是延长相关物力资源的使用寿命，提高其使用效率，以保证其自身的价值能够充分发挥。

（二）体育产业经营管理的科学原理

1. 人本原理

（1）人本原理的概述。所谓的人本原理，也就是所谓的以人为本的思想。在所有的管理系统中，主体都必定是活动的主体，对活动进行相关管理的主要目的，就是确保人的主观能动性的充分发挥。实践证明，在一个团队中，如果能够充分调动构成人员的主观能动性，能够积极完成工作，那么该团队的工作完成结果通常也是最好的。由此可见，在对活动进行管理的过程中，所要解决的核心问题，是为人们提供一个良好的活动环境，以确保人的主观能动性的充分发挥。

企业科学管理运营，最为重要的是强调人的价值，必须将对人的管理放在首位，这样才能保证企业效益的提高。在企业经营管理过程中，人充当了两方面的作用，既是管理的主体，同时也是管理的客体。根据主客体所承担责任的不同，可以将人分为管理者与被管理者。对于现代企业管理来说，关键是要做好人的工作。企业管理目标的实现，最重要的一项手段就是确保人的创造性和主观能动性的充分发挥。

（2）人本原理在体育产业经营管理中的应用。对于体育产业经营管理来说，人本管理原理的体现，都必须要解决的问题是要在管理过程中充分体现以人为本的思想，以确保人性能够得到完善的发展。从实践层面来说，想要确保人本原理的科学实施，实现经营和效益的最大化，就必须要遵循以下几项原则：

1）行为原则。所谓的行为，也就是人们在各种活动中所做出的各种动作。动作表现为人的外在行为，而意识则表现为人的内在行为。在社会生活中，人们在思想、感情、动机、思维能力等方面的综合反映，就表现为人的行为。实际上，人的动机决定着人的行为，而人的需要则又决定了人的动机。从这个角度来看，所谓的行为原则，就是要了解人们的需要与动机，只有在掌握了人们的行为规律之后才能进行正确的管理。在企业管理中，遵守行为原则，就要求企业的管理者必须要能明确人的心理反应，这样才能制定恰当的手段措施，从而全面激发人的动机，释放员工的潜能。

2）能级对应原则。能级原本属于物理学中的概念，所谓的"能"指的是做功的量。能级对应原则指的是，在现代企业生产经营管理活动中，其中所涉及的机构、规章和人都会涉及能量的问题，根据能量大小的不同就可以对其进行分级处理，高能级需要处理高能力的事项，低能级面对的则是低层级的事项，管理活动必须要做到能级对应。从管理的组织结构来看，稳定的正三角形是管理结构的基本形态。通常情况下，管理结构可以分为四级，分别为决策层、管理层、执行层、操作层，这四个层级相互结合就构成了一个正三角形管理形态。针对同层级的管理，要始终坚持能级对应的原则，尤其要对人的能级对应引起注意。对于不同的人来说，其所具备的能力是不同的，根据员工能力的大小，要坚持实行能级对应的原则。根据人的能力高低的不同，要为其安排与之相对应的工作，这样才能实现人尽其才的最佳用人效果。

3）动力原则。在体育经营管理活动中，还必须要坚持动力的原则，要认识到激发员工主观能动性的重要性，要能够充分发挥人的才能，以确保企业各项工作和任务的高效完成，从而提高企业的收益。企业管理贯彻动力原则，具体来说就是要能够实现对三种动力的充分运用。

第一，物质动力，企业可以通过物质激励的形式来调动起员工的工作积极性。"物质基础决定上层建筑"，人们的行为、意识都会受到物质的影响，因此最为基本的动力就是物质动力。具体来说，物质动力主要包括工资、奖金、福利等。想要确保物质动力的充分发挥，对于管理者来说，就需要将员工的工作成果与物质利益结合起来，实现按劳分配的原则。需要注意的是，物质动力所起到的作用也是有限的，在使用过程中必须要注意恰当的原则，如果操作不当可能会产生一定的副作用。因此，企业管理者在使用物质动力的过程中，通常会结合其他的动力共同发挥作用。

第二，精神动力，指的是企业管理者可以通过利用精神的力量，来激发员工的工作积极性。通常情况下，精神动力主要涉及的内容有建立远大的理想、宗教信仰、爱国主义、受到尊重、组织关心等。人的生活需要一定的精神支柱，行动会受到不同思想和信仰等的影响和支配。因此，人的行为表现会受到其精神状况的影响，甚至在一些情况下，还可以弥补物质动力激励不足的情况。

第三，信息动力，指的是通过在企业内部实行信息的交流，从而不断提高员工工作效率的动力形式。一般来说，信息动力所包含的内容有知识性动力、激发性动力和反馈性动力等。在这三种信息动力中，最为基本的是知识性动力，对于员工来说，其所掌握的知识量越大，对工作的进行就更有利。最为重要的信息动力是激发性动力,例如,企业想要了解运动项目的未来发展动向,可以通过体育比赛的形式来了解,这样可以掌握比赛选手的运动技能和战术水平,以此及时来对自身的训练和比赛方案进行调整。此外,通过内部的信息交流,对于运动训练管理中的各项工作,也可以充分激发出员工的工作积极性。通过对反馈动力的运用,可以让我们认识到自身的工作与管理目标之间所存在的差距,这样就可以对工作及时进行调整,对工作不断进行完善,从而最终促进管理目标的实现。

在对体育产业进行实际经营管理中,要对物质动力、精神动力和信息动力有全面的了解,掌握它们的优缺点,并根据企业内部运行的实际情况,采用恰当的动力方式。在实际运用中,可以以其中的某一项动力作为主要动力,还可以结合其他动力形式作为辅助,以实现有机结合。此外,对于动力形式使用的程度,也要注意恰当的原则,掌握适宜的动力"刺激量"。一般来说,能够调动起人的积极性是制定刺激量的主要标准。如果制定的刺激量过大,则可能会造成企业的损失,产生的效用也不会过大;如果刺激量过小,则可能不会产生相应的作用。通常情况下,随着体育产业管理环境和管理对象的变化,刺激量的制定也会随之发生变化,这样才能达到最佳的调动员工工作积极性的效果。

2. 责任原理

(1)责任原理概述。责任原理指的是,为了促进组织目标的实现,充分挖掘人的潜能,在合理分工的基础上,对每个部分和每个人所应承担的工作量和工作责任进行明确的规定。责任原理的本质,就是要不断提高员工的工作效率和企业的收益。

在企业管理活动中,人是主体,人的行为的最终执行力度与人自身所具有的责任感有直接的关系,并且还会对管理系统的工作效率产生影响。因此,企业的管理中，必须要确保责任管理原则的充分发挥，将工作的责任落实到个人的身上。

（2）责任原理在体育产业经营管理中的应用。

1）明确职责。在企业经营管理的前提和基础上，对分工进行明确，只有在明确分工之后，才能进行职责划分。例如，对于运动训练管理来说，其是一项系统工程，承担了多项任务，包含繁杂的工作项目，因此，必须要对分工进行明确。如果不进行分工，那么实际的工作是根本无法开展的；如果分工不够明确，那么未来的工作也必然会产生多种混乱的情况。需要注意的是，分工与职责的内涵与意义是不同的。对于分工来说，其主要是从形式上对工作范围进行了划分，对于工作的数量、质量、完成的时间、效益等，却没有做出明确的要求。则对于职责来说，其是建立在分工的基础之上的，并且，无论是对于工作的数量、质量还是时间、效益方面，都有着严格的规定和限制。

2）合理授权。职责与权力是一对矛盾体，二者之间是对立统一的关系，在对员工承担的职责进行明确之后，就需要对其授予相应的权力，包括人权、物权、财权等，这样才可以确保其职责的顺利完成。要想让员工对工作完全负责，仅仅通过对其进行合理的权限委托是不够的，还必须让他们承担一定的风险。此外，在对职位进行设计，并对权限进行委授的过程中，还必须要注意到个人的能力要与承担的工作责任相匹配，这样才能达到人力资源的最佳配置。

3. 竞争原理

（1）竞争原理概述。竞争原理指的是为了各自目标的实现，个人与个人之间，团体与团体之间，国家与国家之间相互展开竞争，以此寻求成功的理论。

优胜劣汰原则是事物发展的一般规律，其同时也是实行竞争原则的根本依据。体育运动所具有的一项突出性特征就是竞争，竞争的观念存在于体育活动的方方面面。只有在竞争的环境下，员工才会产生压力，才能激发出更大的潜能，开展更多的创造性工作，克服各种困难的发生。在一定的竞争环境中，还可以促进内部团结的实现，这对提高团队的凝聚力是极为有效的。通过一定程度的竞争，还可以将集体组织起来，展现成员的生机与活力。

（2）竞争原理在体育产业经营管理中的应用。在对体育产业进行管理的过程中，是始终坚持竞争意识的培养，不断引入竞争机制。这样做的目的是通过良性的竞争，可以激发员工的工作热情，使其充分展现进取精神。具体来说，在体育产业经营管理过程中，需要注意以下几点内容：

1）树立竞争意识。团队内部竞争意识的树立，可以推动团队朝着更好的方向进行发展。但需要注意的是，竞争只是激发员工工作激情的一种手段，并不是企业管理的主要目的，竞争的目的在于促进员工之间的交流和沟通，不断提高工作的技能，在体育产业管理者与被管理者之间建立起稳固的友谊，实现二者的团结与合作，以促进团队精神的培养，在企业员工的共同努力下，确保体育产业效益最大化的实现。

2）竞争标准、条件一致。竞争展开的基础是要确定竞争的标准，明确竞争的条件。对于企业经营管理者来说，在对同一级别的人员进行管理的过程中，要设置统一的竞争标准，这样不仅可以充分展现评价的公平性，同时还有利于企业目标的实现，促进企业整体结构的优化。

（三）现代体育产业经营管理新理念

随着现代社会人们对于体育重视程度的不断加深，体育市场的发展也更加快速，对外开放程度也在不断提高。随之而来的，是体育产业管理者所面临的前所未有的挑战。在市场经济条件下，为了确保现代体育产业实现最大化的效益，管理者必须要从企业自身的实际情况出发，始终坚持科学的管理理念，不断创新经营管理方式,在对体育产业经营管理的过程中,始终坚持将科学的管理理念贯穿其中。

1. 品牌经营

品牌经营指的是在企业的经营活动中,将品牌看作是独立的资源和资本,然后将其作为主导,以此来对它的资源和资本产生关联和带动作用,从而最终为企业带来最大化的经营效益和社会效益的行为活动。现代社会中,随着人们品牌意识的不断增强,人们对于品牌也产生了很高的忠实度,这就使很多企业都对自身的品牌建设与经营给予了重视,并开始逐步进行品牌化经营,这是企业市场化的必由之路,同时也是体育产业市场内部竞争日趋激烈的结果。

随着市场经济发展速度的不断加快,企业间的竞争也更为激烈。当前,很多企业都开始重视对高新技术的运用,使得自身的生产技术不断提高,企业的规模也不断扩大,在企业竞争意识不断增强的前提下,无论是企业的数量还是产品的质量,彼此之间都相差无几,这就造成企业想要在市场竞争中有所突破就变得异常困难。面对这种情况,企业想要实现可持续性的发展,就要寻求新的发展机遇,采用更为先进的管理理念就成为企业繁荣的关键。

在体育市场竞争空前激烈的背景下,体育企业想要实现良好的发展前景,就必须要采用创新的观念,不断对产品和自身的经营理念进行创新,重视自身品牌的建设与经营,明确市场定位,不断塑造自身的品牌形象,找到适合自身发展的特色产品品牌,始终坚持科学的管理理念,从而全面提高企业的市场竞争力。

2. 关系管理

企业关系管理指的是,对体育企业在市场运营中所涉及的多方面关系进行建立、协调和维系,这是巩固体育企业各方面关系的一项重要活动。其中,与体育企业相关的各方面的关系包括体育企业与体育消费者、体育资料供应商、参与伙伴以及体育企业内部员工的关系等。在企业关系管理中，企业的最高目标是满足市场的各项需求。在该管理理念的指引下，体育产业经营管理者就必须要将满足市场需求作为依据，以此来对不同关系对象之间的关系进行协调及科学的处理。

体育产业的管理者在对企业进行经营管理的过程中，主要驱动力为对体育产业消费者的经营，并且要注重协调经营管理活动中各方面的关系。

3．知识管理

知识管理的概念有广义和狭义两方面。

从狭义的角度来看，在现代生产领域中，知识管理指的是对有知识的人、各种技术资料、信息数据和各种经验、创造性成果等要素所进行的管理。

从广义的角度来看，体育企业的知识管理指的是，为了提升企业的核心能力，从而对企业知识资源进行整合的动态管理过程。需要注意的是，该过程是一个动态循环的过程，包括诸多环节，如知识获取、知识整合、知识吸收、知识应用创新等。在对体育企业进行经营与管理的过程中，企业内部的驱动力促使企业实现知识管理的发展创新。

通常情况下，企业知识管理所需要的内部驱动力是由企业文化、高层支持、组织机构、信息基础和激励机制五方面的因素所构成的，它们的共同发展促使了企业知识管理工作的顺利开展。

二、体育产业经营与管理的环境分析

（一）体育产业经营管理的宏观环境分析

1．经济环境

对于企业经营管理来说，最为基本和直接的因素就是经济环境因素。具体来说，经济环境因素所包含的范围是，体育企业在实际经营管理过程中所面对的各种经济条件、经济特征、经济联系等客观因素。

此外，国际体育市场的发展也是体育产业在经营与管理的过程中，所必须要考虑的经济环境因素。我国加入世界贸易组织之后，对我国经济的发展带来的不仅是机遇，同时也伴随着各种各样的挑战，对于体育产业的发展来说也是如此。

国际竞争给我国体育产业带来的挑战可以分为两方面。第一，短时间内各项国外体育企业大量涌入我国，强烈冲击到我国本土体育企业的发展，我国本土体育企业所占的市场份额被缩小。第二，我国企业由于发展时间较晚，因此所拥有的市场竞争力较弱，能够最终走向国际体育市场的都是少数。在我国国内体育企业的发展面临巨大挑战的情况下，对于国内体育企业来说，就必须要做到"知己知彼"，要全面认识和了解国际体育市场发展的现状、规律和特点，明确自身发展中存在的优势和弊端，寻求恰当的解决方式，这样才能在国际体育市场中占领一席之地。

2. 政治环境

政治环境主要涵盖了国家或地区的政治制度、体制以及方针政策。这些政治因素会直接影响到生产体育产品的企业内部管理政策。换言之，体育企业在制定和执行管理政策时，必须充分考虑并遵循当前的政治导向和规定。此外，体育企业在经营和投资决策中，也会受到政治环境的间接影响。例如，当政府出台某项扶持体育产业的优惠政策时，企业可能会调整其经营策略，以更好地利用这些政策所带来的机遇。

近年来，随着体育产业在国民经济中的地位的逐渐提升，政府也加大了对该产业的关注和支持力度。一系列旨在促进体育企业发展的优惠政策相继出炉，为体育产业的蓬勃发展注入了新的活力。然而，政府的角色并不仅限于提供政策支持。在社会主义市场经济的大背景下，政府还需要对体育企业进行宏观调控和市场监督,以确保其发展方向的正确性。通过这种方式,政府能够在体育产业内部扶持起一批具有主导性的体育企业,进而通过这些企业的引领作用,推动整个体育产业的繁荣与进步。

3. 法治环境

法治环境是市场经济的基石,确保了体育市场的公正、有序竞争。在体育产业中,完善的法律法规体系不仅保护了知识产权、合同权益,还通过反垄断、反不正当竞争等法规维护了市场的公平性。相关法律监管部门扮演着裁判员的角色,通过严格的执法和公正的裁决,促进市场规则的遵守,以保障所有参与者能够在同一套游戏规则下公平竞争。这种公平竞争的环境激励企业创新、优化服务、提高效率,从而在追求个体利益最大化的同时,也促进了体育产业整体的健康、快速、可持续发展。

4. 自然环境

自然环境对体育产业的经营策略和经济效益有着不容忽视的影响。这包括地理位置、气候条件、自然资源以及人口分布等自然因素。例如,地理优势如靠近自然景观的地区可能更适宜发展户外运动项目,而气候温和的地区可能更易于常年举办各类体育赛事。人口的密度和结构则决定了潜在的市场规模和消费偏好,年轻且活跃的人口群体往往能为体育消费带来更大的推动力。然而,自然环境的限制也可能成为体育产业发展的阻碍,如极端天气事件对户外运动的冲击,或某些地区因地理隔离导致的基础设施不足。因此,体育产业在规划和运营中必须充分考量自然环境因素,合理布局,扬长避短,以实现与环境的和谐共生。

5. 社会文化环境

体育产业经营管理中所涉及的社会文化环境指的是一个国家或地区的民族特征、价值观、文化传统、宗教信仰、教育水平、风俗习惯、社会结构等情况。体育企业生产的产品或是提供的相关服务，都会受到社会文化环境的影响，通过连锁效益，体育企业的经营管理行为也会受到相应的影响。

从当前我国体育的发展情况来看，体育既是一项事业，同时也是一项产业。在体育发展中，制定的最高价值目标是，提高国民的身心素质，增加国民福利，以满足社会公众在身体健康和心情愉悦两方面的需求。这同时也是近年来我国在全国范围内大力推行全民健身的主要原因，全民健身热潮的出现就为体育产业的进一步发展提供了一个绝佳的契机，开拓了体育产业的市场，拉动了国内的体育消费需求，这对推动我国体育产业的发展具有重要的作用。

6. 科技环境

体育企业在经营与管理过程中，所面临的一个重要因素就是科技环境因素。对于体育生产来说，科技环境的存在不仅会影响到企业的内部环境，并且相关的经济环境和社会环境也会受到一定的影响。

从政府的角度来看，全面拉动我国体育产业的整体竞争力，实现体育产业经营方式的转变，先进的科学技术是关键。从这个角度来说，体育企业的经营重点是为其营造一个良好的科技环境。

要始终将创新意识融入企业经营管理过程之中。在激烈的体育市场竞争环境中，企业要想在其中占领一席之地，就必须要对当前科学技术的发展情况有明确的把握，不断将最新的技术和生产观念融进企业经营管理当中，创新工艺设备、增加体育产品种类，从而满足不同消费者的需求，这样才能在市场中求得生存和发展。

（二）体育产业经营管理的微观环境分析

体育企业的经营与管理，不仅会受到宏观环境的影响，还会受到微观环境的影响,并且微观环境的影响要更为直接一些。需要注意到,在对体育企业生产经营会产生影响的所有微观环境中,其中的一部分因素是可以进行控制的,因此对于企业管理者来说,要格外引起重视。

1. 体育市场构成

从体育企业经营管理者的角度来看,明确体育市场的构成,是其实现科学经营与管理的前提条件。只有在明确体育市场的构成要素,及其之间存在的紧密联系之后,才能对自身的体育企业进行有针对性的管理,从而保证各项政策制定的正确性。

(1)体育消费者。在体育市场交易中,消费者就是其中的"买方",他们是体育市场营销的目标。由此可见,体育消费者实际上就是购买体育产品或是服务的人。根据消费者购买商品的不同,可以将体育消费者分为以三种不同的类型:

1)实物型体育消费者:购买运动器材、运动服装的人。

2)观赏型体育消费者:观看体育比赛、体育表演的人。

3)参与型体育消费者:参加体育锻炼、接受体育技术培训指导的人。

除此之外,在体育产业经营管理中,其中的很多企业或是商业组织都是凭借赞助商的形式加入进来的。他们也可以被看作是一种类型的体育消费者,其交换的是货币、产品或服务,然后通过获取体育赛事冠名权的形式或是其他形式,来获取商业利益。

(2)体育产品。在体育市场中,能够满足消费者需求的就是体育产品,实际上指的就是体育生产者提供给体育消费者用于价值的交换物(或服务)。

从一定程度上来说,体育产品有特殊性的存在,主要表现为,人们在参与体育活动的过程中,极为注重自身的亲身参与性和情感体验,他们购买体育产品的目的并不仅仅是想要拥有这件商品,而是想要通过该产品来获取更多的情感体验，包括团体归属感、社会地位的优越感、休闲娱乐的感觉和健康的生存状态等。从这个观点出发，体育产品所包含的范围就显得更为广泛，只要是能够给体育观众、参加者、赞助商带来一定利益，从而专门设计出来的实物或是服务就都可以被包含在内。根据体育产品形式的不同，可以将体育产品分为以下几种类型：

1）体育赛事：包括比赛本身、运动员和运动场。

2）体育用品：包括器材、特许商品、收藏品和纪念品。

3）体育服务：包括提供给人们以满足他们体育活动的健身中心、健康服务、体育指导。

4）体育信息：包括体育新闻、统计资料、日程以及有关体育的故事等。

（3）体育产品供应商。所谓的体育产品供应商，实际上指的就是参与体育市场交易的"卖方"，与"买方"共同构成了体育市场的经营主体，其同时也对体育市场的营销活动起着重要的主导作用。具体来说，体育产品供应商可以分为如下几类：

1）体育器材的生产商。

2）体育场馆或健身娱乐场所的经营者。

3）运动员或俱乐部的所有者。

4）协会或联盟在内的各种体育组织。

2．体育市场供需

把握体育市场的发展趋势，明确体育市场的发展现状，是对体育企业进行经营与管理的一项重要前提。在这一过程中，针对市场的发展状况，体育企业的管理者所做出的相关决策，要受到体育市场供求关系的重要影响。对于体育企业来说，想要提高自身的经济效益，改善经营者管理水平，其最为关键的一点就是要明确当前体育市场的供求情况。

在我国市场经济快速发展的情况下，人们的购买水平也有了很大提高，当前的市场经济已经进入了买方市场阶段，对于体育企业的相关经营者来说，明确体育市场的消费需求就成为其关注的重点。随着人们对体育消费需求的不断增长，体育企业的发展方向也在随之进行着调整。

（1）体育市场供给。在庞大的体育市场中，会对体育市场内部的供求关系造成影响的因素主要有以下几点：

1）生产者的预期。对于体育产品的生产者来说，生产者的预期是其中的一个重要影响因素，具体来说，主要表现在以下两方面：第一，如果体育产品生产者看好未来的预期，那么生产的产品价格就会随之上涨，产品的供给量也会随之提高。第二，如果体育产品的生产者不看好产品的未来发展走向，那么就会适度降低产品的价格，产量也会随之削减。在这一过程中，体育企业的经营者和管理者能否对体育市场进行科学的判断，是决定生产者预期是否科学的重要因素。

2）产品价格。体育企业对产品的最终生产量，与产品价格之间也有着密切的关系，二者之间是一种正向关系。通常情况下，对于那些与体育相关的企业来说，他们对于价格较高的产品更为青睐，这是因为产品的生产者为了能够获得更高的利润，进而会提高该项体育产品的产量；但是当体育产品的价格较低时，体育产品的生产者不能获得足够的利润，那么产品的产量也会随之降低。

3）生产技术水平。生产力的发展归功于生产技术的提高，并且可以适当降低企业的生产成本，进而增加企业的利润，企业对于产品的生产量也会随之提高，这同时也是体育产品的生产方式不断由机械制造取代手工制造的一项重要原因。

需要注意的是，企业产品生产技术的提高，需要一定资金的支持。对于那些体育奢侈品的消费，在提高相应的生产技术之后，会为消费者带来全新的体验，随之而来的就是产品和服务价格的提高。

4）相关物品价格。与体育产品相关的物品可以分为两类，即联合副产品和其他相关产品。这些产品能够被生产出来的主要原因是，为了满足人们更高层次的精神需求。对于体育产品生产者来说，在实际生产过程中，会有很多与体育相关的副产品的产生，包括新闻、竞赛名称、指定产品等，这类产品属于副产品。而体育相关产品则主要指的是体育文学艺术、体育休闲娱乐等。体育产品和服务的最终价格，也会受到这些产品价格的影响。

（2）体育市场需求。所谓的体育市场需求指的是，在一定时期内，消费者愿意最终实施购买行为，并且能够购买的体育产品的数量，是消费者购买欲望和购买能力的统一。实际上也就是说，体育市场需求实际上指的就是消费者对于体育产品的最终购买数量。一般来说，会对消费者购买体育产品的数量产生影响的因素主要有三个，其具体内容如下：

1）体育产品价格。消费者购买体育产品的数量，会受到产品价格的重要影响。在市场经济条件下，产品价格与消费者的需求之间是一种反比例的关系，也就是说，体育产品的价格越高，在体育市场中，消费者对该项体育产品的购买数量就会越少；反过来，消费者的购买数量则会越多。在一些特殊的情况下，一些消费者会对那些价格较高的体育产品情有独钟，但是这种情况较为少见。

2）消费者收入水平。消费者对于体育产品的购买力，会受到其收入水平的决定性影响。通常情况下，消费者的收入在提高之后，对体育产品的需求量也会随之提升；相应地，消费者的收入在降低之后，对于体育产品的需求量也会随之下降。这种情况的出现，主要是由于体育产品的消费性质所决定的，体育产品并不属于必需性消费,而是属于发展性消费的范畴。

3)消费者偏好。消费者对于体育产品的购买数量,也会受到消费者偏好的重要影响。当消费者对于某种体育产品产生较高的好感时,对该项产品的购买量就会提升;当这种好感度逐渐下降时,相应地,购买量就会降低。例如,在我国体育市场中,国内的消费者对于足球、篮球、乒乓球、羽毛球等项目较为偏爱,在国内有着广阔的群众基础,因此该类体育产品的市场需求量就会很大。

3. 体育产业资源

所谓的体育产业资源,实际上指的就是体育产业经营与管理过程中所涉及的多项内部资源,其包括的范畴极为广泛,包括人力、物力、财力等多方面的资源,这些资源就共同构成了体育产业的经营。

对于体育企业的经营与管理者来说,其必须要注重对自身资源的优化配置,这对企业经营管理的成本与效率都具有重要的影响,为了提高企业的效益,实现体育企业的可持续发展,其中的一项重要措施就是要实现对人力资源、物力资源、财力资源的优化配置。

4. 体育产品消费者

从体育产品消费者的消费水平可以分析出,在一定时期内,人们对于体育消费需要的实际满足程度。也就是说,通过体育产业提高消费者的消费水平,可以看出人们实际购买的体育产品数量,从这里还可以在一定程度上反映出体育产品的质量情况。由此可见,体育企业经营和管理者在对自身的生产经营状况进行调整的过程中,可以将一段时间内,消费者对体育产品的购买数量作为一项重要的依据。

第二节 高校体育产业的经营管理

在体育强国国策的引导下,国内体育产业也在供需两侧取得了长足发展,产业规模逐步扩大,已形成以竞赛表演和健身休闲为驱动,体育用品业为保障,体育场馆、体育培训、体育中介、体育传媒等业态并驾齐驱的多元化发展格局。但在体育产业快速发展的过程中,也暴露出了我国体育产业管理的必要性。完善高校体育管理制度,对高校体育产业乃至我国体育产业的发展都具有重要的意义。

一、高校体育产业经营管理的必要性

随着高校体育产业的快速发展,对其进行科学的管理是十分必要的。这不仅对它不断完善自身的管理体制有着极大的意义,而且也为高校体育产业长期、稳定的发展提供了强有力的保障。

首先,高校体育产业管理是当前教育和经济大背景下高校体育发展的必然趋势。随着我国教育水平的不断提高,教育体制不断地改进,由之前与计划经济相适应的国家统筹教育经费的模式逐渐向市场经济下教育经费模式过渡。随着我国体育事业的发展和市场经济的繁荣,高校体育教育在此背景下面临着诸多问题,如高校体育的教育难以适应市场的需求、高校体育资源的严重浪费与民众日益增长的体育消费需求之间的矛盾等,这些都是摆在高校体育教育者面前亟待解决的问题。

尤其是我国市场化程度的进一步加深,我国高校体育产业在市场化的浪潮

中要想占据一席之地，就必须要有健全的管理体制和市场运行机制，尤其是在高校体育产业市场化改造的过程中，高校体育势必受其影响。因此，在当前的教育和经济大背景下，对高校体育产业进行管理是高校体育发展的必然趋势，也是高校体育产业能够长远发展的保障。

其次，在高校中融入商业化的管理模式是高校体育产业发展中极为重要的创新。创新是以新思维、新发明和新描述为主要特征的概念化过程，在经济、科学、文化等的进步中具有至关重要的作用。随着知识经济时代的到来，更是为高校体育产业工作带来了新的挑战，创新在此时显得更为重要。作为高校经营管理工作的重要内容，高校体育产业管理在推进高校整体工作前进的同时，也必然经历理念的创新与超越。因此，在高校中融入商业化的管理模式不仅是高校体育产业发展的必然趋势，也是时代对其提出的必然要求。

由此可见，对高校体育产业进行科学的管理是大势所趋，不仅是当前教育和经济大背景下高校体育发展的必然趋势，更是高校体育产业发展中极为重要的创新。因此，在高校体育产业飞速发展的今天，对其进行科学的管理显得十分必要。

二、高校体育产业经营管理的意义

发展高校体育产业既是适应社会主义市场经济的需要，也是推进高校体育改革，增强自我发展能力的一项重大举措。加快高校体育产业的发展对我国市场经济的发展，高校体育产业文化的发展以及解决高校办学资金问题有着重要的意义。因此，必须根据我国体育产业发展的客观实际，针对不同类别体育产业的特点，来加强高校体育产业的管理，通过培育体育市场体系，建立宏观调控体系，充分发挥市场机制和宏观调控的双重作用，以确保我国高校体育产业健康、有序、规范化地发展。

（一）有利于高校体育充分发挥其经济效益

市场经济的发展和体育事业的繁荣为高校体育事业的发展带来了前所未有的机遇，高校体育与市场经济的融合是高校体育产业发展的必然趋势。尤其是随着我国市场经济体制的不断发展和完善，高校教育面临着改革和创新，之前完全依靠国家财政拨款的办学模式已不再适应社会的发展，取而代之的是面向社会的开放式自主办学。因此，作为高校教育的重要组成部分，高校体育必将走出高校的大门，迈向社会这个更为广阔的舞台。

高校体育要想发挥其经济效益必须与市场经济相结合，走产业化发展的道路，同时还要有完善的运行及管理机制使其功能和优势得到最大限度的发挥，从而实现其经济效益。此外，高校体育产业管理有利于充分开发和利用高校优秀的体育资源，进而使其经济效益得到最大限度的发挥。众所周知，高校拥有丰富而优秀的体育资源，如现代化的体育场馆、丰富的体育器材和优秀的体育教育及训练人才等，这些都是高校体育所独有的资源优势。高校体育产业管理有利于对这些资源进行科学、合理的运营管理及统筹，使这些体育资源不再闲置和浪费，而是被充分利用起来，使其价值最大化。如高校体育产业管理者可以利用高校体育的师资力量优势，面向体育市场提供优质的服务，如为社会人士提供短期或长期的培训指导、体育咨询、科学研究、裁判竞赛等服务。

由此可见，高校体育产业管理不仅为高校体育产业的发展提供了行之有效的运营管理机制，而且便于对高校丰富的体育资源充分地开发和利用，使高校体育在迈向市场化的进程中充分发挥其经济效益。

（二）有利于高校体育的产业化发展

高校体育的产业化是高校体育产业走出校门与市场经济融合过程中产生的

必然结果，它是在保证社会效益的前提下，以产业化为发展方向，通过不断改革和完善自身的体制与运行机制来逐步适应市场经济并进入市场的过程。

在新的历史时期，无论是社会的转型、经济的改革还是教育的发展都必然面临着挑战，高校体育产业作为一种新兴的朝阳产业，不仅与这些社会的变革有着极为密切的联系，而且其自身的发展对于社会经济、高校教育也有着重要的影响。

因此，在新的历史时期，及时建立和完善高校体育产业管理，对于高校体育产业的发展有着重要的作用。首先，高校体育产业管理为高校体育产业的发展提供了科学、系统的运行管理机制，使体育产业的发展有了科学、系统的指导。其次，高校体育产业管理为高校体育产业提供了良好的发展空间和环境，使其能够在科学的统筹规划中朝着正确的方向发展。最后，高校体育产业管理为高校体育的产业化发展提供了科学的管理依据，避免了管理混乱、组织结构不明确的问题。

由此可见，在当前的大背景下，及时建立和完善高校体育产业管理，对于高校体育的产业化发展十分有利。

（三）有利于解决高校办学资金的问题

实施高校体育产业管理不仅是高校体育产业高速发展的必然结果，而且将高校体育与经济发展紧密地结合了起来，既符合现代体育发展的需要，又很好地建立了高校体育经费的补偿机制，促进了高校体育事业与经济发展的良性循环，从而有效地解决了高校办学资金的问题。

高校体育产业管理不仅促进了高校体育产业的发展，同时也为高校体育教育的可持续发展提供了良好的物质基础，有效地解决了高校所面临的资金困难等问题，同时还改善了办学条件。因此，高校体育产业管理通过高校体育产业所发挥的巨大经济效益实现了高校体育的经济功能，为高校的发展提供了充足的资金，极大程度地解决了高校办学资金的问题。

三、高校体育产业经营管理分类

高校体育产业管理是指高校体育产业管理者为实现既定目标对高校体育产业活动进行的一系列计划、组织、协调、监督等活动。简单来说，就是高校体育产业管理者对高校体育产业活动的管理。依据具体管理内容的不同，可分为以下几类：

（一）高校体育资金管理

高校体育产业活动离不开资金的大量流动及周转，在其过程中需要对资金进行科学、合理的统筹规划及管理，因此，资金管理是高校体育产业管理的重中之重。

高校体育产业管理的主要任务是高校体育产业管理者要严格监督体育产业活动的各项财务情况，利用财务专业知识来对各项活动的资金管理进行有效协助的同时，还要保障资金在法律规范内活动，保障高校投入资金的安全回收并与体育各项活动的财务管理人员进行及时的协调沟通，以保证资金的正常运转。

此外，在具体的高校体育产业管理中要注意以下两点：

其一，要加强高校体育产业的财务管理，这要求依据市场规律和体育活动规律构建符合高校体育市场实际情况的资金管理体系。在资金管理体系的具体构建中，不仅要考虑高校体育市场的实际情况，还要认识到高校体育市场未来的发展趋势，把握其正确的发展方向，使得构建出的资金管理体系既符合当下的需要，又具有前瞻性和开放性，以适应高校体育产业的不断发展，保障资金有序、高效、科学地运作。

其二，要增强高校体育产业的经济活力。在具体的高校体育产业活动中，高校体育市场的健康运作不仅受到日常财务管理的制约，而且受到高校本身的政治、经济、文化环境及管理人员的专业素质等多种因素的影响。在具体的运作中，管理人员要深刻认识到市场规律对高校体育产业的支配、调节作用，运用专业的经济学知识合理地进行高校体育的资金运作，最大限度地发挥其经济活力。

由此可见，高校体育产业活动的正常运行离不开资金的合理化运作，而资金的合理化运作则需要科学的资金管理。因此，高校体育资金管理对于高校体育产业的健康发展有着重要的意义。

（二）高校体育服务管理

随着社会的不断进步和人们生活品质的日益提升，高校体育市场已不仅仅局限于提供有形的体育产品。与之相对应地，无形的体育产品，特别是体育服务，正逐渐成为高校体育市场中的重要组成部分。特别是在人们生活水平持续提高、消费需求日趋多样化，以及高校体育市场日益开放的大背景下，体育服务所占的市场份额正在逐年攀升。因此，对其进行科学、系统的管理显得尤为重要。

高校体育服务管理是一个涉及面广泛、内容复杂的系统工程。它不仅涵盖了如何利用高校内丰富的体育人才资源为社会大众提供专业、系统的体育培训和训练指导等服务，还包括如何通过开放高校内先进的体育设施，为社会各界提供场地租赁服务等多方面。

在这个过程中，我们必须始终树立以消费者为中心的服务理念，将消费者的需求和满意度放在首位，通过不断优化服务流程，提升服务质量，来赢得消费者的信任和好评。例如，我们可以根据消费者的不同需求和体质特点，量身定制个性化的训练计划，以提供专业、科学的训练指导；同时，我们还可以通过完善场地设施、优化租赁流程等措施，为消费者提供更加便捷、高效的场地租赁服务。

此外，为了适应高校体育产业的发展需要，我们还必须不断完善自身的服务管理体系。具体来说，我们需要建立一套科学、合理的服务管理系统，通过引入先进的管理理念和技术手段，来实现服务流程的标准化、规范化，从而提升服务效率和质量。同时，我们还要加强对服务人员的培训和管理，提高他们的专业素养和服务意识，以确保他们能够为消费者提供专业、周到的服务。

（三）高校体育竞赛管理

随着体育产业的快速发展，人们对于体育消费的需求不断增大，其中体育竞赛为高校体育竞赛在体育市场中的快速发展提供了良好的条件。

高校体育竞赛的繁荣促进了高校体育产业的发展，为高校体育产业注入了新的活力。随着高校体育竞赛的不断扩大，对其进行科学的管理显得十分有必要。

高校举行各种各样的体育竞赛必然要面临成本问题，而要满足高校体育竞赛的需求仅仅依靠高校单方面的投入是远远不够的，还需要对高校体育竞赛进行合理的规划和统筹。在市场经济下，有需求就有商机，需求就是可利用的经济原动力。因此，在对高校体育竞赛进行管理的过程中，既要充分认识到需求的作用，同时还要注意管理的程序及内容。

首先，要进行竞赛成本预算编报。竞赛成本预算编报可使管理者对于竞赛的成本有合理的估算，同时也是申请费用与执行开支的依据，使竞赛成本明细化，以便于成本的管理。其具体内容主要有布置竞赛场地费用、器材设施费用、宣传费、奖品费、裁判工作人员费以及组织接待、管理费用等，在对这些费用进行预算时要充分调查、研究各项费用的标准，尽量做到科学、合理地预算。

其次，要对竞赛成本预算编报进行严格的财务审核。在竞赛成本预算编报上交后，要由具备专业知识的财务人员对其进行严格的审核，及时发现不合理的地方以便进行修改。在审核过程中，财务人员不仅要充分考虑到竞赛成本的各项支出费用，还要考虑到突发情况下应急费用的支出，以保障体育竞赛的顺利进行。

（四）高校体育场馆管理

高校体育场馆是高校丰富的体育资源之一，对其进行合理的开发和利用，不仅可以解决高校体育资源大量闲置、浪费的问题，而且可以发挥其最大的经济价值，开拓高校体育市场，以促进高校体育产业的增长。因此，在高校体育市场化运作的今天，对其资源之一的高校体育场馆进行科学的管理显得尤为重要。

随着高校体育产业市场化程度的进一步加深，高校体育场馆开始进入市场化运作，其运营管理的状况不仅直接影响着高校体育产业的增长，而且与高校体育教育的发展有着密切的关系。因此，在进行高校体育场馆管理工作时要注意以下两点：

第一，要合理解决高校体育教育与高校体育产业增长之间的矛盾，实现两者的共赢。这要求高校体育场馆在进入市场化运作时要在不影响高校体育教学任务的前提下进行。高校体育产业管理者要提高这一方面的认识，首先要以满足高校体育教学任务为出发点对高校体育场馆进行市场化运作，在满足体育教学任务的前提下再考虑体育场馆的创收问题。因此，管理者要与高校体育教学部门进行有效的沟通协调，安排好体育场馆对外开放的时间，以避免与体育教学的冲突。

第二，将体育场馆的有偿消费人群锁定在社会公众的范围以内，尽量不赚学生的钱。学校建立体育场馆最初的目的是为广大师生提供服务，这是受教育者应享有的权利，而且作为无收入人群，学生的消费能力极为有限，如果高校体育场馆不加选择地对学生收费，这在无形中就会加重学生的负担。因此，高校体育场馆的服务应主要面向社会人群，通过向社会提供服务实现高校体育的创收。对于面向学生的收费要慎重考虑，应根据学生的实际消费情况进行合理的规划。

总而言之，在高校体育场馆的管理工作中，不仅要对高校体育场馆合理地开发和利用，避免资源的闲置和浪费，充分发挥其资源优势以实现经济效益的最大化，同时还要有效解决高校体育教育与高校体育产业增长之间的矛盾，将体育场馆的有偿消费人群锁定在社会人群的范围之内，以实现经济的创收，进而促进高校体育产业的增长。

第五章 竞技体育产业带动高校赛事产业化

第一节 竞技体育产业的发展经营

一、竞技体育的分类与特点

所谓的竞技体育,就是在人们从事体育活动的主体之间采用一种公开的、共同认可的方式和规范,以自身的运动为主要形式所进行的挑战极限、超越自我的社会竞争性活动。竞技体育也有其自身的历史记载和传说,它以打败对手来取得一定的利益目标,它是在正式组织起来的体育群体成员或者代表之间来进行的,它强调的是一定要通过竞赛成绩来显示自己的能力,这种竞赛是在正式的规则限度之内进行的,而规则必须对参加者的职责和位置做出明确的界定。

(一)竞技体育的分类

对于竞技体育的分类,我国众多体育专家有各自独树一帜的见解。有从竞技体育活动项目的属性进行划分的,有从竞技体育活动动力的使用方式进行划分的,还有从竞技体育的社会意义进行划分的,以及从竞技体育运动竞赛的方式和依据竞技体育活动参加人数的多寡进行划分的,等等。目前比较流行的是以竞技体育活动项目的属性进行划分。

北京体育大学田麦久教授在其著名的"项群训练理论"中,根据竞技运动项目的属性提出了七个分类标准,并从参加竞技体育活动的运动员的竞技能力、运动项目的动作结构以及运动成绩的评定三方面进行了科学的分析,提出了竞技运动项目的三种主要分类体系。

1. 第一类

以运动项目所需运动能力的主导因素为依据，将竞技体育中所有的运动项目首先划分为体能主导类和技能主导类两大类。继而以各项体能和技能的主要表现形式或特征为二级分类标准，把体能主导类项目分为快速力量型、速度型、耐力型3个子类项目；把技能主导类分为表现型、表现准确型、同场对抗型、隔网对抗型及格斗对抗型5个子类项目。

2. 第二类

根据动作结构的组成形式，首先将所有竞技项目划分为单一动作结构、多元动作结构及多项组合结构3大类。然后以各类动作的组合形式为二级分类标准，将单一动作结构类再划分为非周期性、周期性及混合性3个子类；将多元动作结构再划分为固定组合和变异组合2个子类；将多项组合结构类再划分为同属多项组合和异属多项组合2个子类。

3. 第三类

根据运动成绩的评定方法，将竞技体育运动项目划分为测量类、评分类、命中类、制胜类和得分类5大类。

（二）竞技体育的特点

竞技体育作为一种复杂、多元化的人类特殊的活动过程，必定具有鲜明而且独特的特点。对于其特点的表述，古今中外众说纷纭，不一而足，从其本质和表现形式来探究，则可归纳为以下几点：

1. 拼搏的精神

竞技体育运动不仅追求勇于拼搏、超越自我的体育精神，也追求既定的功利目标。比赛一结束,组委会就会根据成绩向优胜者颁发代表名誉的奖章、锦旗和奖杯等,随之而来的是各机构给予的物质奖励和社会各界的广泛赞誉,获胜者往往是名誉、利益双丰收。这些做法是在爱国主义的前提下,对辛勤训练的教练员和运动员的肯定和奖励。

由于竞技体育的过程直接而迅速,产生的结果会很快给参与者带来巨大的影响,这种影响往往能够满足运动员或参赛团队强烈的成就感,而且丰盛的物质奖励也会给其极大的满足。这也会刺激运动员刻苦训练去争取更好的成绩,所以不可否认,竞技体育功利性的特点在一定程度上会促进竞技体育的发展。但不可本末倒置,将追求竞技体育的功利性作为唯一或者是首要的目标。

2. 高度的认同

竞技体育的组织方式和内容得到了社会的认可。虽然参与运动竞争的人们来自不同国家、不同种族,也有着不同的历史文化背景,但竞技体育的内容和组成形式始终是来源于人们的生活,能够对人们产生不同的价值效应,所以竞技体育的组织方式和内容能够被人们所接受,被社会所认同。

竞技体育比赛过程中产生的竞赛结果会被社会乃至全世界所承认。竞技比赛是在公正公开的条件下进行的,参赛运动员主动自愿地接受竞赛规则,所以竞赛的结果具有准确性和公平性,也被大众接受并认可,如各种级别的大小运动会、锦标赛、精英赛、公开赛以及奥运会等所产生的竞赛成绩会得到社会各界的广泛承认并保留。

3. 严明的规则

人们在社会生活中通过各种社会规范来调整和制约相互之间的关系和行为,这也成为控制和调节正常有序的社会生活的有效手段和方式。竞技比赛中也利用既定的体育规则来制约和调节参赛者的行为,如体育竞赛中不同级别的比赛有不同的规则,这些规则保障了参与竞争者有同等的资格、权利和机会。

竞赛规则明确规定了比赛结果的胜负标准和原则:哪些是被允许的行为、哪些是被禁止的行为以及一旦违反规则将会受到怎样的惩处等。参赛运动员必须遵守竞赛规则和裁判仲裁。

只有参赛运动员都认真遵守并执行比赛的规则,比赛才会在一个公正、公平的环境中进行,竞赛结果才会为大众所接受和信服,竞技体育才会对社会的发展起到积极的促进作用。

4. 激烈的竞争

无论是在自然界还是人类社会,竞争都是其不可避免的进化手段。自然界中生物在顺应大自然的变化之中不断地改变、进化。经过优胜劣汰,无法适应环境的生物则从此在地球上消失。而人类从远古时代到现代社会,从原始野蛮的打斗拼杀到文明时代的残酷战争,再到现代社会的明争暗斗,无时无刻不处在激烈的竞争当中。

社会中的竞争是指人或各种团体,为了追求利益或目标而进行的一种较量。竞技体育中的竞争同样是为了争取某个目标。例如,比赛中的冠军打破运动纪录、战胜对手等。竞技体育中竞争的获胜者只能是个人或是一个团体,正是这种强烈的排他性使得竞技体育的竞争性尤为突出和鲜明。

为了唯一的优胜结果,参与竞争者将会更加积极、刻苦、努力地训练,不断提高自己的身体素质、运动技能和心理水平等方面的能力,竞争性的不断加剧有助于人类竞技运动水平的不断提高。

二、竞技体育产业的发展模式

从经济体制的角度来看,基本可以将竞技体育产业的发展模式分为两类,即市场主导型和政府参与型。这两种模式各有自己的特性。

（一）市场主导型模式

市场主导型是指竞技体育产业发展的原动力来自市场主体自身对商业利润的追求，以及不同市场主体间相互竞争所产生的压力和动力。通常来说，这种发展模式在原发的市场经济国家中较为常见，其中美国、英国是采用这种发展模式的国家中最为突出与典型的两个国家。

市场主导型发展模式具有如下两方面的特征：

第一，从政府在竞技体育产业发展过程中发挥的作用来看，采用市场主导型发展模式的国家，政府一般会对体育产业中各类市场主体实行"市场决定"的放任政策。

第二，从体育产业的组织架构来看，采用市场主导型发展模式的国家，其俱乐部体制和职业联盟体制往往都较为完善，并且面向市场的法人治理结构通常较为合理。

（二）政府参与型模式

政府对本国竞技体育产业的发展目标进行设定，并且利用多种手段来对体育市场主体的组建和运作进行引导、调控和规范，则属于政府参与型模式。一般来说，韩国、日本、法国等后发市场经济国家会采用这种模式来发展竞技体育产业。

政府参与型发展模式的基本特征如下：

（1）从政府在体育产业发展过程中发挥的作用来看，政府通过多种手段来促进竞技体育产业的发展，并对其进行积极引导。

（2）从体育产业发展战略来看，后发的市场经济国家往往会以本国体育消费和体育市场的实际发育程度为依据来对体育产业的发展重点进行确定，以此来有计划、有步骤地推动本国竞技体育产业的发展。

（3）从体育中间媒介来看，体育中介机构发育程度较低，体育企业在业务拓展专业化的决策咨询服务方面较为欠缺，不同的体育市场主体在有效沟通手段方面也是较为欠缺的，体育产品和服务的创新以及营销手段的创新普遍不够。

（4）从发展的状态来看，非营利机构正在逐步向营利机构转变。

三、体育竞技产业发展的存在问题分析

现阶段我国竞技体育产业发展中面临的问题与瓶颈主要表现在以下四方面：

（一）竞技体育产业结构的合理性有待提升

在发展较为成熟的竞技体育产业中，竞技体育竞赛产业往往处于核心地位，比如，欧美竞技体育产业中竞赛产业就是居于主导的。但是对于我国的竞技体育产业来说，由于其兴起的时间较晚，运作的规范性较为欠缺，尤其是市场开发价值较高的足球、篮球联赛，其竞技水平相对较低，从而对产业的进一步开发和发展造成了一定的限制。除此之外，在我国竞技体育产业中占据较大比重的往往是体育用品制造业。这就使体育产业结构的不合理性充分体现了出来，鉴于此，要求对竞技体育竞赛业进行进一步有针对性的开发，从而使其在体育产业中的比重进一步增加。从某种意义上来说，这一举措与我国转变经济发展方式、优化经济结构、大力发展以服务业为主的第三产业的经济发展方针是相符的，因此，一定要将这方面的工作高度重视起来。

（二）地区间竞技体育产业的发展不均衡

地区经济发展的非均衡态势，是影响各地竞技体育产业布局不均衡的决定

性因素。在竞技体育用品制造业中，这一现象尤为显著。生产活动集中于东南沿海地带，福建等省份成为体育用品制造的重镇，众多知名企业汇聚于此，形成了产业集群。而在竞技体育赛事举办方面，一线城市如北京、上海、广州等城市凭借其经济实力、市场潜力及基础设施优势，更常成为高价值、高影响力的体育赛事首选举办地，进一步加剧了地区间体育资源分配的不平衡。

（三）行业垄断设置壁垒

当前，我国竞技体育产业在市场化进程中仍面临着很多障碍，包括市场机制运行不够顺畅、行业垄断现象严重，以及经营限制等问题。特别是在某些特定运动项目中，对社会资本的进入设置了极高门槛，严重抑制了市场竞争和行业的多元化发展，构成了项目市场扩张的主要制约。

（四）出现严重的信任危机

竞技体育产业的核心目标在于挖掘并实现商业价值最大化，同时满足消费者的体育消费需求。服务是竞技体育的灵魂，唯有当消费者感受到产品或服务带来的价值与其需求完美匹配时，产业才能实现真正的繁荣。遗憾的是，当前我国竞技体育市场面临着严重的信任危机，品牌形象受损，消费者信任度下降，导致大量客户流失，市场陷入萎缩。这种信任缺失主要源于产品质量问题、服务承诺未兑现、不公平竞争等多方面原因，严重阻碍了消费者对竞技体育产业的信心与忠诚度，进而影响了整个行业的健康发展。

四、体育竞技产业发展策略探究

（一）促进竞技体育市场运行体系和机制的不断完善

在计划经济时代，我国竞技体育发展模式逐步形成，而在市场经济下，市场在资源配置中发挥着很重要的作用。因此，必须以社会主义市场经济的运行机制为依据，对当前的竞技体育资源配置方式进行转变，在资源配置中实施"市场为主，计划为辅"的政策。我们必须更新管理意识与手段，并对符合"市场为主，计划为辅"这一新资源配置方针的竞技体育市场运行机制和管理体制进行科学建构。

（二）促进竞技体育俱乐部运作机制的不断完善

推动竞技体育产业的发展还需要对俱乐部管理体制进行建立并加以完善，从而促进良性循环的运行机制的形成。俱乐部管理体制是否完备，主要看其是否具备以下几个条件：法人地位独立；有自主经营的产品；组织结构、名称和场所健全；能对民事责任独立加以承担，明确分离投资者所有权和法人财产权；对资本金制度和资产经营责任制进行了建立。

竞技俱乐部要走企业化管理之路，逐步向市场的方向发展，对市场经济的游戏规则加以遵循，按照市场经济三要素（竞争、价格、需求）来实施经营与管理，对相互依托、相互制约的运行机制进行建立，对投资机制（产权分明）和约束机制（制度健全）进行科学建构。

（三）树立经营开发意识

树立创新观念，积极打造品牌效应也是促进我国竞技体育产业发展的一项重要措施。因此要正确认识产业化经营开发．对市场风险意识加以树立，促进市场运行体系和机制的不断完善，促进竞技运动水平的提高，加强对竞技体育产业发展模式、对策的创新，在对他国的经验加以借鉴时，要充分结合我国国情，走具有中国特色的竞技体育产业发展道路。

（四）加强政府宏观调控功能的发挥

我国竞技体育产业的发展与社会主义市场经济的发展基本上是同步的。因为体育产业化、体育俱乐部在一定时期内会继续将公共物品提供到社会中，因此在推动市场经济发展的同时，还要加强政府宏观调控职能的发挥，从而促进竞技体育的产业化发展。市场机制作用的充分发挥是政府实施宏观调控职能的前提，政府介入不是否定市场机制，而是对市场机制的缺陷进行弥补，使其能够更好地发挥自己的作用。政府可对法律体系、政策体系进行科学建构，加大执法监督的力度，并对科学有效的协调管理机制、综合决策机制加以制定，使市场机制的缺陷得到有效的弥补。竞技体育俱乐部的发展不能完全依赖政府投入的资金，因此要割断这一依赖关系，并对俱乐部实行相应的补贴，具体的补贴额度要根据俱乐部向社会提供的公共物品的数量来定。

（五）促进社会公众参与程度的提高

竞技体育产业的发展离不开广泛的群众基础，因而需要激励社会公众的参与。社会公众可以通过多种形式来参与竞技体育，如积极参与竞技体育活动、监督不利于竞技体育产业发展的行动、对科学的竞技体育产业化活动加以支持、通过媒体来监控竞技体育俱乐部的训练、竞赛等活动，等等。社会公众对竞技体育的参与具体包括群众性运动项目的广泛开展、广大球迷的参与、体育经纪人的发展、竞技体育俱乐部专业人员的培养等内容。只有提高社会公众对竞技体育的参与度，提高其对竞技体育经营活动的重视程度，才有可能实现竞技体育产业的持续健康发展。

第二节 高校体育赛事的市场化发展研究

随着时代的进步与生活水平的提高，人们对体育表现出空前的关注与积极参与的态度，整个体育行业迎来鼎盛时期。竞技性的体育赛事作为体育行业中的焦点，自始至终都吸引着赛事爱好者的眼球。围绕体育赛事需求，产生了广阔的体育赛事市场，带来体育赛事经济体的蓬勃发展。体育经济一般形成于社会，以职业体育为主，当发展到一定程度与范围时，必然会波及高校。虽然高校体育主要以教学为主而不是以营利为主，但随着市场经济的发展，社会各个层面均呈现出市场化的态势。高校作为社会的中流砥柱，不可能孤立于大环境之外，况且高校的存在是为社会培养优秀的高素质人才并服务于社会。因此高校体育赛事的市场化是大势所趋。体育赛事的市场化是指围绕体育赛事，制造体育赛事产品及服务，并采取市场化的运营模式，以促进体育经济的增长与发展。然而，我国高校体育赛事市场化的步伐仍相对滞后于时代的发展，旧的管理体制和思想观念阻碍着高校体育赛事市场化的进程。

一、我国高校体育赛事市场化的背景及形成

（一）我国高校体育赛事市场化的背景

我国社会主义市场经济体制的建立为高校体育赛事的市场化运作提供了有利条件，并确立了方向。我国还处于社会主义初级阶段的基本国情，减缓了高校体育赛事向市场化深度与广度发展的速度。现阶段，我国高校一直面临着资

金短缺的问题，导致体育赛事的举办受限，有些比赛甚至依靠各参赛队的参赛费来维持，可见主办单位将经费短缺的困境转移给了各参赛高校。

商家敏锐的目光纷纷投向体育赛事市场，不惜重金潜心而精细地研究市场，从而扩增产品销售，提高企业及其产品知名度，增大市场份额等。而高校学生不仅是影响未来世界发展动向的决定性力量，更是未来商业市场的消费主力军。自高校扩招政策实施以来，我国高校的生源增多，以致高校学生市场空间广阔。不难预料，当高校学生毕业而踏上社会之后，将对商业产生更为深远的影响。因此，若商家全力投资这块市场或夺取未来市场，与高校学生进行良好而愉快的沟通并博取他们的好感，是至关重要的。高校体育赛事的市场化运作为各大商家提供了难得的大好平台，同时也创造了更多机会。

（二）我国高校体育赛事市场化的形成历程

一方面国内社会主义市场经济体制的建立与不断完善，另一方面国外高校体育赛事市场化如火如荼地发展，为我国高校体育赛事的市场化提供了内外部的双重条件。整体上来看，我国高校体育赛事市场化的发展历程大致上分为以下三个阶段：

1. 第一阶段

在计划经济模式的背景下，高校要承办赛事，就需要向上级部门提出申请，并得到一笔由教育部下拨的办赛经费。此时的高校体育赛事以促进体育教学与丰富学生生活为主，还尚未盈利。

2. 第二阶段

从20世纪90年代开始，赛事分为计划内赛事和辅助性赛事两大种类，大部分赛事开始实行按差额拨款，且由承办单位自行筹集资金。而承办单位大都靠拉企业赞助来进行资金的筹集。商家的"觉醒"、人情关系网和政府的大力支持是促进高校体育赛事市场化运营的主导因素。

3．第三阶段

随着 21 世纪的到来，高校体育赛事市场化的观念逐渐深入人心，赛事市场化进入了全新且有序的发展阶段。1998 年第一届中国大学生篮球联赛的举办标志着我国高校体育赛事的市场化。由此，高校体育赛事开始逐渐成为一种商品及服务进入市场，既满足了人们观赏的需要，又实现了产品的价值交换。

目前，我国高校体育赛事的市场化仍然处于不断摸索、发展和健全的阶段。商家积极地关注并陆续参与到高校体育赛事中，不仅为体育赛事经济的发展注入了活力，同时还对企业的发展、品牌形象的树立和知名度的扩大具有很大的推动作用。

（三）我国高校体育赛事市场化的形成原因分析

1．国家的各项政策法规的颁布及实施

2014 年，中华人民共和国教育部与体育总局颁布的《体育传统项目学校管理办法》的文件指出，"传统高校应从实际出发，因地制宜开展形式多样的体育活动，传统高校代表队应积极参加上一级体育、教育部门组织的体育竞赛活动"，以引起高校、学生及社会的重视，使高校体育赛事得以顺利开展。高校要放宽政策，允许承办规模较大的体育赛事单位，以比赛或运动会的名义来获得广告、赞助等行政拨款之外的经济收入。政府的各项政策与法规的推行，为高校体育赛事的市场化运作奠定了稳定的基础，同时还为高校体育市场的形成与发展提供了莫大的机遇。

在新形势下，为了适应我国体育事业改革和高校体育教育发展的需要，应加强高校高水平运动队伍的建设，为国家培养全面发展的高素质体育人才，为竞技体育的发展做出杰出的贡献。2005年，教育部和国家体育总局颁布了《关于进一步加强普通高等学校高水平运动队建设的意见》的文件，为大学生体育赛事的市场化提供了良好的政策支持。高校教育改革的不断深化与国家各项政策法规的颁布及落实，为高校体育赛事的市场化奠定了基础，并为其形成提供了发展的契机。根据国家的各项政策与法规，在已经展开高校体育赛事的基础上，对高校学生体育竞赛的制度和办法做进一步的规范和健全，开展丰富多彩的高校体育赛事活动，使"校园经济"的作用得到充分的发挥。

2．市场经济体制的改革

我国于1992年确立了社会主义市场经济体制改革的目标，而作为体育改革重要内容的"体育产业化"，得到了社会各界和政府的一致认同。体育比赛从过去单纯地由民间组织或政府提供公益性无偿服务，逐渐发展为一种商品进入市场，既能满足人们观赏的需要，又能实现产品的交换，从而使各种需求都得到了满足，使体育赛事的价值得以实现，并使商家获得一定的利润。1998年，中国大学生篮球联赛为我国高校体育赛事的市场化打响了第一枪，随后足球、排球、健美操等高校体育赛事也都有计划地开展起来，并面向社会招商，取得了良好的经济效益。另外，我国市场经济的快速发展加速了高校体育赛事市场化的进程。所以，在高校体育赛事市场化的形成过程中，经济体制的改革具有推波助澜的作用。

3．思想观念的转变

高等院校的体育教育是实现国家教育任务必不可少的组成部分，因此要大力提升高等院校的体育竞技水平，本着可持续发展的原则，充分发挥高校在全面培养高素质人才方面的优势，为我国竞技体育的快速发展做出贡献。构建高校体育人才培养的新机制，变革思想观念与思维方式，提升高校体育赛事产品与服务的质量与名声，以利于招商引资，进而使高校体育赛事朝着市场化的方向稳步发展。与此同时，借鉴国外高校体育赛事市场化的成功经验与模式，转变计划经济模式的思想意识，建立社会主义市场经济的新型思想观念。

现代体育意识的不断更新、发展，并与社会"市场化"功能的渐渐完善，为高校体育赛事市场化的形成奠定了稳固的基础。自1998年我国高校体育赛事的市场化起步以来，随着商家资金投入的不断增加，赛事规模的不断扩大，利润得到了快速的增长。例如，2004年由交通银行赞助的中国大学生男子篮球超级赛，2000—2004年由"飞利浦"赞助的中国大学生足球联赛等，都取得了良好的经济效益与社会的广泛好评。

4. 体育产业和体育经济的蓬勃发展

1992年，在中共中央、国务院《关于加快发展第三产业的决定》的文件中指出："体育属于为提高科学文化水平和居民服务的第三产业部门，第三产业要以产业化为方向，建立充满活力的自我发展机制。"这一政策为体育产业的发展指明了方向，同时还揭示了"体育产业化"绝不只是单一式经营模式，而是多层次、多渠道、多形式的社会化复合模式。2021年，体育总局印发的《"十四五"体育发展规划》中也强调，建立和完善国家体育产业基地动态管理机制，充分发挥示范、辐射、带动作用，以推动产业基地规范、健康、高质量地发展。这些充分表明我国体育产业化、社会化的变革决心与力度，也为高校体育赛事的市场化运作奠定了稳固的基础。体育赛事在高校的市场化运行是社会经济渗入高校的重要渠道。体育产业和体育经济的不断发展，为高校体育赛事市场化的形成提供了切实可行的理论基础与实践依据。

5．商家对高校体育赛事的关注

需求是市场的本质，没有需求，就没有市场。在现代社会，随着商品的持续不断丰富与人们需求水平的提升，市场越来越精细化。商家为了最大限度地获得利润增长，潜心研究体育赛事市场，以便向公众传递信息并施加影响，改变公众的消费观念、态度、期望和行为，从而达到提高企业及产品知名度、增加市场份额、促进产品销售等目的。对于商家而言，高校学生这一群体可能是他们的潜在客户或主要目标客户。由于高校学生的消费观念还没有定型，其消费行为容易受到外界的影响与商家的引导，很可能会成为商家未来最具潜力的忠诚消费群。

二、我国高校体育赛事市场化的现状

（一）我国高校体育赛事市场化的本质与特征

1．高校体育赛事市场化的本质

从市场经济的角度来看，高校体育赛事的市场化是产品或服务实现价值交换的过程。在此过程中，商家、观众及其他相关组织，是购买赛事产品或服务的消费者，赛事的组织者、管理者是产品或服务的提供者。作为一种商品，高校体育赛事是组织学生运动员进行高水平的比赛，以实现运动员的体育竞技价值，并满足观众的观赏需求。高校体育赛事拥有大量的无形资产，具有极高的观赏价值与商业媒介价值。因此，高校体育赛事市场化的本质，是高校体育赛事的商业媒介价值与观赏价值通过市场而实现价值交换的过程。

2. 高校体育赛事市场化的特征

（1）市场价值具有不确定性。高校体育赛事的市场价值是由该赛事的观赏价值决定的，而观赏价值又取决于高校学生体育赛事的竞技水平。随着高校体育赛事水平的提高，观赏价值就会越大，市场价值自然也就越高。高校体育赛事的市场化是随着竞技水平而波动的，因此，其具有很大的不稳定性。

（2）具有很强的时效性。高校体育赛事的市场化满足市场经济的发展规律，且具有特定的目标指向性。高校体育赛事的无形资产，像赛事冠名权、电视转播权、广告发布权、各类标志的特许使用权等，一般都有特定的时限，一旦超出这个时限，商业价值就会不复存在。这就要求高校体育赛事的管理者应及早地对赛事的开发进行周密的推广策划，以期最大限度地实现高校体育赛事的商业价值。

（3）具有过程的不可复制性。就像世上找不出两片完全相同的叶子一样，对于高校体育赛事，无论比赛对手有无变化，每一场比赛都有着完全不同的过程。过程的不可复制性，使得每一场高校体育赛事都是独特的，即每一场高校体育赛事都是一个全新的"生产"过程，使观众每次观看都有耳目一新的感觉。

（二）高校体育赛事市场化的表现形式

目前，对于我国高校体育赛事而言，大致可分为全国性单项比赛、全国性综合运动会、地方性单项比赛与地方性综合运动会。具体而言，全国性单项比赛有全国各单项体育分会的选拔赛、锦标赛；全国性综合运动会有四年一届的全国大学生运动会；地方性单项比赛有各省市单项分会的选拔赛、锦标赛；地方性综合运动会有各省市举办的综合运动会。

我国高校体育赛事的项目，主要集中在篮球、足球与排球这三大种类上，其中，篮球与足球项目特别受到商家的关注与偏爱。1998年举办的中国大学生篮球联赛是我国高校体育赛事中首项采用市场化模式的大学生联赛。随后,为了给中国足球培养高素质运动员,中国大学生体育协会和飞利浦公司于2000年共同创办了中国大学生足球联赛。自此,高等学府的莘莘学子拥有了属于自己的足球联赛,同时,也能在绿茵场上向人们展示天之骄子的大学生风采。有将近1000所高校参加了中国大学生篮球和足球联赛两项赛事,使篮球和足球运动在高校学生中的普及与发展达到了新的高度,而这两个项目也渐渐地形成了高校体育赛事市场化的雏形。

高校体育赛事市场化的成功,离不开高校学生们的积极参与和社会对高校体育赛事的热切关注。目前,很多观众、商家以及媒体界越来越关注并参与到高校体育赛事活动中,为我国高校体育赛事市场化的发展提供了动力。

1. 媒体对高校体育赛事市场化的影响

媒体对高校体育赛事市场化的热切关注和参与,既有利于促进高校体育赛事中品牌赛事的形成,又有利于商家品牌形象的树立。与此同时,媒体对高校体育赛事的转播、录播及宣传,也使得媒体报道内容丰富化。在高校体育赛事市场化的进程中,应利用媒体的立体式、多渠道信息传达,来促进高校体育赛事市场化的规模效应的形成。

2. 商家对高校体育赛事市场化的影响

我国高校体育赛事市场化从起步至今,陆陆续续地有许多商家关注且参与到高校体育赛事活动中。商家之所以选择通过高校体育赛事与消费者进行沟通,是看中了高校体育赛事的庞大市场与商机。通过高校体育赛事宣传企业文化,并增强企业在公众中的影响力,从而在高校学生消费群体中树立良好的企业形象与声誉。在高校体育赛事活动中,结合高校的实际情况和高校体育赛事的特点,构建起规范而有效的商务营销平台,主要包括活动平台、赛场平台、媒体平台、校园平台等。无论是从短期利益还是从长期利益来看，无论是从微观利益还是从宏观利益来看，商家对高校体育赛事的赞助都是非常有意义的。显而易见，商家在提升企业形象、扩大目标市场、增加销售机会、培养潜在客户、树立强势品牌等方面有着很大的发展空间。

3. 观众对高校体育赛事市场化的影响

观众意味着需求，哪里有需求哪里就有市场，而有市场就必然会有商业。尽管由观众观看比赛所得的门票收入微不足道，但高校体育赛事需要观众带来人气，烘托赛场氛围。参加比赛的运动员也是从他们中间而来，在这样的现场比赛环境中，学生们追逐着他们自己心目中的"体育明星"，会欣喜若狂于"体育明星"是自己的同学、校友或同乡等。所以，与观看职业队的比赛相比，置身于这样的比赛现场，他们的观看兴趣更容易被激发，也更容易产生共鸣。

此外，还有一个不可忽视却又容易被忽视的忠实观众群，即参赛学生的家长、亲属或老师，他们会通过各种途径来关注赛事、观看比赛。看报纸及相关杂志、看现场直播或转播乃至现场观看等，他们为学生们的表现而感到自豪。事实表明，在高校体育赛事市场化的进程中，观众群体对体育赛事的关注，推动了高校体育赛事市场化的进程，也吸引了商家的投资赞助。

（三）高校体育赛事市场化的意义

1. 增强高校品牌效应

自改革开放以来，体育赛事日益成为公众关注的焦点，而高校体育赛事作为其中的亮点，更是吸引了社会的广泛关注。通过多媒体平台如新闻报道、电视转播、互联网传播等渠道，高校体育赛事成为展现校园文化、提升学校形象的优质载体，有效地提升了高校的社会知名度和品牌形象，为学校吸引优质生源和外界合作创造了有利条件。

2．深化校园文化内涵

高校体育赛事不仅是体育竞技的舞台，更是校园文化的重要组成部分。赛事的举办不仅丰富了学生的课余生活，激发了学生的体育热情，还促进了校内外的文化交流，加深了师生对体育精神的理解和认同。通过对体育赛事的参与和观看，培养了学生的团队协作能力，增强了他们的身体素质，同时也促进了他们健康生活方式的形成，对校园文化的多元化发展起到了积极的推动作用。

3．为企业的发展提供商机

随着高等教育的普及，庞大的高校学生群体成为消费市场的新兴力量。尽管经济尚未完全独立，但他们是品牌忠诚度高、消费潜力大的未来主流消费者。赞助高校体育赛事，企业不仅能以较低成本建立品牌形象，还能在学生心中种下品牌种子，以培养未来的忠实顾客群。通过赛事营销，企业不仅直接促进了产品和服务的销售增长，还长远布局，与高校建立了良好的合作关系，为企业的可持续发展开拓了新的市场空间。

三、我国高校体育赛事产品及消费

随着高校体育逐渐向产业化发展，体育赛事产品的市场潜在价值越来越引起相关企业的关注，希望通过高校体育赛事对消费群体的吸引使其关注企业所提供的产品或服务；而且，赛事组织机构对赛事产品或服务的市场开发力度进一步加大，且取得了丰厚的利润；政府相关部门也将目光聚焦于此，划拨资金并大力支持，以带动体育赛事相关产业的发展。

随着社会主义市场经济体制的逐步健全与推行，体育赛事已不再像过去计划经济体制时期那样，忽略市场化的经济推动力。相关专家与学者一致认为，作为体育产业链中的核心产品,体育赛事产品或服务要想做好,需要很高的技术含量。但目前国内关于对体育赛事产品及服务的开发及其微观经济研究还处于初级阶段,尚未引起社会的广泛关注。

(一)体育赛事产品的定义

产品是为了满足人们的身心需求而产生的,哪里有需求,哪里就有相应的产品。体育赛事产品,是根源于人们在体育消费方面的需求而产生的,将体育赛事作为商品进行市场化运营,并能产生一定的经济效益。体育赛事产品是为了满足消费者个性化需求而提供的一种特殊服务,通过运动员在各种形式的体育运动项目比赛中满足消费者观赏需求的技术水平。产品都是围绕比赛而展开的,如衣服展销、食品饮料销售、设施广告、娱乐活动等。

目前,体育赛事所提供的产品,主要分为核心产品与衍生产品。核心产品是竞技运动项目的表演过程,并通过运动会的名气、运动员的赛场表现、运动竞赛的赛场氛围、运动比赛的结果等表现出来,如比赛门票与赛事纪念品的销售等都属于核心产品。而衍生产品是指在竞技赛事核心产品的生产过程中,依托核心产品而派生出来的无形产品,像网络视频、体育彩票、电视转播、赛事邮票等。

一言以概之,体育赛事产品是指在体育产业化、职业化与市场化的时代环境下,提供一系列的体育赛事产品或服务等,以满足客户的观赏、冠名、派生等多元需求。

(二)体育赛事产品的特性

在体育产业中,体育赛事作为最受关注的焦点,其产品自然有着广阔的市场,而市场运作与营销的效果都受其产品特性的影响。因此,只有在遵循市场规律并清楚体育赛事产品特性的前提下,体育赛事产品的市场化内在价值与特性才能充分有效地发挥出来。体育赛事产品一般具有社会特性、生产特性、价值特性与消费特性等。

1. 体育赛事产品的社会特性

体育赛事产品的社会特性是指体育赛事具备文化性、地域性与垄断性等。文化性指赛事的体育精神及价值取向，也被称为体育赛事的灵魂，缺失了文化性的体育赛事犹如行尸走肉一般；体育赛事的地域性指体育赛事会受到举办比赛当地风俗、人文环境及大众的体育爱好等影响。体育赛事产品不同于一般的消费品，其具有很高的市场垄断性，往往由赛事运营商或赛事组织委员会对其进行统一管理，严禁任何未经允许的组织或个人随意买卖。

2. 体育赛事产品的生产特性

在经济学上，生产是指将投入的资源经过改进性加工或重新组合而转化为产品的过程。赛事产品的生产特性包括不可控性、举办唯一性与经营特许性。体育赛事的不可控性是指由于环境、天气、氛围等因素的变化，使得赛事过程无法被精确地预料，不到比赛的最后，则难以对赛事结果做出准确的判断。体育赛事的举办唯一性是指举办的赛事不可能完全相同，哪怕对于同一种类的赛事，由于举办地点或时间的不同，其各届赛事也都会有所不同。正因如此，观众能够通过不同的赛事得到不同的观赛体验。体育赛事的经营特许性是指赛事产品的经营需要国家体育赛事委员会授予的特许权，进而对赛事产品的标识、名称、奖牌、会歌、会徽、吉祥物等使用权进行保护，并且经营者还可以利用体育赛事产品本身的附加值，开发并销售与体育赛事有关的各种特许商品或增值服务，如各种赛事装饰品、纪念品、服装等。

3. 体育赛事产品的价值特性

体育赛事作为一种产品，具有商品的特征，其中凝聚着运动员的劳动成果，即其竞技能力及心智发挥，这是其内在价值，其外在价值包括观赏价值与商业价值。对赛事产品价值特性的认知及把握是有效挖掘赛事价值的前提。体育赛事产品的价值特性包括价值时效性与价值衍生性。体育赛事价值的时效性是指即使同一赛事信息，在不同的时点，其市场价值也会不同。因此，一般情况下，市场价值的高低与赛事信息发生时间的远近成反比。即赛事信息离当前时间越近，其市场价值往往越高；反之，离当前时间越远，市场价值则相对较低。体育赛事的价值衍生性是指其具有二次出售的特性，这个特性蕴含于再生产过程中。在当今世界，随着体育赛事产业化、市场化的进展，很多企业以体育赛事的影响力为载体，以宣传自身的企业形象。

4. 体育赛事产品的消费特性

消费是指为了满足人自身的欲望与需求而对相应商品或服务的有偿获取。体育赛事产品的消费特性是指通过对赛事产品的使用价值进行销售，而获取经济收益的商业行为。

体育赛事产品的消费特性包括消费主体的多样性与消费过程的不可逆性。体育赛事产品的消费主体呈现出多样化的面貌，主要有观众、网络、赞助企业及电视传媒四大类。体育赛事是指一旦比赛开始，随着比赛的进程，其无法逆转或重复进行。另外，对于体育赛事产品或服务质量的体验及判定，是伴随着消费的过程而产生的。赛事产品的不可逆性，还体现在消费者一旦购买了产品，就只能接受，而无法更换，更不能退货，不像其他产品那样，若在消费前就发现了产品的质量问题，是可以换货甚至退货的。

（三）高校体育赛事消费过程及价值挖掘

随着科技的进步及网络新媒体的快速发展，体育赛事的宣传力度与效果越来越大，其影响力已拓展到体育的领域以外，并在价值方向上逐渐由赛事的政治性、精神性转变为商业性、经济性。在许多经济发达的国家，体育赛事产业发展如此迅速，以致成为支柱性产业。体育赛事的产业化发展历程表明，体育赛事的产业化不仅推动了体育运动在全社会如火如荼地开展，还以其独特的方式，拉动基础设施方面的投资，有利于促进相关产业的发展，并呈现出社会和经济的双重效益。

1. 高校体育赛事产品的消费过程

随着人们生活水平的提高以及对精神层次的追求，体育赛事产品的消费正朝着时尚化方向发展。由于体育赛事作为一种服务性质的产品，不同于一般的物质性产品，具有与生产消费共进退和多种消费方式共存的特性。根据这些特殊性，高校体育赛事产品的消费过程可分为显性大众化的消费与隐性商务化的消费。

（1）显性大众化的消费过程。显性大众化的消费是指将购买的赛事产品直接用于生活的消费。对于显性大众化的消费过程而言，在体育赛事产品营销的进程中，必须自觉地将"吸引人眼球—激发人的兴趣—产生消费欲望—形成深刻记忆—进行消费行动"的原则按照次序落实于其中，只有这样，才能最终取得销售的成功。

（2）隐性商务化的消费过程。隐性商务化的消费是指将购买来的产品用以从事再生产活动的消费。显然，隐性商务化的消费以获得经济利润为导向，不同于显性大众化的消费过程。在隐性商务化消费的过程中，从表面现象来讲，首先，消费者要被赛事载体深深吸引进而对其关注。其次，经过调研分析，对通过赛事载体的可获利程度做出判断，然后产生强烈的赞助欲望，随后搜索相关的大量信息，做出赞助方案。最后，实施赞助行为。但从本质上来讲，在隐性商务化的消费过程中还隐藏着赛事产品的许多间接消费环节。在对各种隐性商务消费者进行综合分析后发现，隐性商务化内在消费的本质过程依次由"注意—挖掘—期待—释放—回味"而构成。

2. 高校体育赛事产品的价值挖掘

对显性大众化消费者而言，高校体育赛事消费是心理享受的一种体验过程；对隐性商务化消费者而言，在赛事消费的过程中，始终贯穿着经营理念，是对商业价值回报模式的一种探索。由于赛事消费过程中的"期待""释放""回味"三个环节体现着不同的价值形式，并分别在注意力经济、影响力经济和回头经济上有着深刻的体现。因此，无论是对显性大众消费者的心理发展而言，还是对隐性商务消费者的赞助回报来说，这三个环节都相当重要。

注意力经济是指为了获取一定的经济收益而采用各种方法来吸引公众注意力的一种经济活动。在此过程中，作为主观而有限化资源的注意力与作为客观而无限化资源的赛事信息得到了最佳的配置；影响力经济是指为了实现预期的经济收益，利用赛事产品对受众施加影响，其源于注意力经济，又超乎注意力经济；回头经济是指在充分利用赛事的影响力和对公众注意力有效吸引的基础上，通过在注意力营销战略中施行二次定向吸引，而获取利润的一种经济活动。

四、我国高校体育赛事的市场化运作

体育运动的兴起一直推动着体育赛事向前发展。体育赛事以深厚的文化内涵和广泛的影响力逐渐成为人类现代文明中不可忽略的一部分。奥运会无疑是世界上举办最精彩、最成功的体育赛事之一，它代表着全球范围内体育赛事市场化运作的最高水准。尤其是1984年的洛杉矶奥运会的成功运作为各大体育赛事的运作提供了优质案例。当时，著名的金融家尤伯罗斯尝试了全新的市场化运作模式，如收取广告费、出售电视转播权、出售门票或纪念币等,对奥运会进行首次市场化运作,不但使奥运会一度亏损的局面得以扭转,并且还使奥运会从简单而纯粹的体育运动会向吸引社会各界广泛参与的大型社会经济活动过渡。自此,人们开始注重体育赛事所具有的交换价值与使用价值。大型体育赛事本身所蕴含的巨大商业价值,已经催生了"体育赛事经济"这样一个新的经济领域。

近年来,体育竞赛市场以竞技体育为依托,并且日趋走向成熟与完善,伴随着体育赛事的不断成长,市场化运作也得到了进一步发展。在社会主义市场经济改革的进程中,中国积极汲取外国经验,各项体育赛事的市场化运作进行得有声有色,各项赛事本身成为各大商家和媒体关注并投资的对象。经过各方面的共同努力,如哈尔滨第 24 届世界大学生冬季运动会那样,各种高校联赛已迈出市场化运作的第一步。

在全面建立健全社会主义市场经济体制的整体环境下,各行各业都开展了关于高校体育赛事市场化的探索与讨论。可是直到今天仍缺乏严谨的市场化定义,在主要的词典之中也没有收录相关的词条。在社会大众的印象中,市场化是指以生产某种产品或提供某种服务为手段,以达到营利的目的。体育行业为适应社会主义市场经济体制,也渐渐地市场化,体育市场化指以竞技为中心的各类体育运动,采用市场化的运作模式,以营利为目的而推动体育业的向前发展。

(一)高校体育赛事市场化运作的定义

运作是指通过一系列输入转换成输出的创造商品和服务的活动。任何组织都有一个运作系统,通过将输入转换成输出而创造价值。体育赛事运作是指体育赛事主办单位通过行使管理职能对赛事投入的人力、物力、财力和信息技术等进行合理整合并优化分配，有效地创造出竞赛产品及相关服务，进而达到赛事目的。

高校体育赛事市场化运作的概念可界定为高校体育赛事的举办者合理分配并使用在赛事中投入的各种资源，创造出赛事的产品及相关服务，并采用市场化的手段与方法，将它们作为市场中的一种商品来进行交换，并获得利润，以支撑举办体育赛事的各种开支，从而促进高校体育事业的蓬勃发展。

（二）赛事参与体

体育赛事必须有人的参与才能发生，服务的消费与管理的实施必须有人参与，人的因素是体育赛事中的重要因素。赛事参与体也带着参与赛事的动机与目的，并且参与体之间的需要和期望有时会产生重叠，甚至会发生冲突。成功的赛事要取得很好的成效，一般需要平衡参与体间的竞争，而高校体育赛事在市场化运作的过程中，自然也会遇到这些问题。

1. 赞助商

一般而言，人们以为赞助只是简单地解决资金短缺的问题，但现在赞助成了需要给予适当回报的商业投资，属于市场营销的重要组成部分。当前，许多赞助商对赞助的观念发生了变化，商业赞助成为组织之间一种更高级的合作营销方式。由于赞助涉及整个赛事各方面的投资，赞助商可取得商业发展机会作为回报。

2. 媒体

现今世界媒体的扩展，互联网与卫星电视的应用等创造出了大量的媒体产品。全球媒体组织的网络化，媒体图像和数据的电子快速传输，使全球成为一个媒体库。媒体的革命反过来也给体育赛事带来了深刻影响，表现在体育赛事上，即媒体中的虚拟存在已经等同乃至大于现场的实际存在。体育赛事的现场观众也远远少于电视或网络观众。

3．赛事参与者

赛事参与者包括运动员、教练员和裁判员等，赛事的成败最终由他们决定。运动员是各项体育赛事的主体，随着高校体育赛事市场化水平的不断提升，观众和教练员成为其中的一个组成部分。没有运动员的精彩表现，就不可能吸引广泛的观众。由于赛事的精彩程度由观众和运动员等参与者决定，因此若无法吸引球迷的关注，也就失去了球迷对球队的忠诚，同时会无人观看球赛，也会失去电视转播对其的青睐。

（三）我国高校体育赛事市场化运作的理念

高校体育赛事市场化运作理念是对赛事市场化运作过程、规律、宗旨及方向的本质认识，是赛事市场化运作的理论指导，是高校体育赛事市场化运作所依据的规范与标准。高校体育赛事在市场化运作的进程中会受到主客观条件等很多方面的限制，因此，持有正确的市场化运作理念显得至关重要。

1．营销理念

由于体育赛事属于服务类性质，而服务作为一种无形的产品，具有很强的商业性特征。市场营销是体育赛事必然的内容和任务，是体育赛事必不可少的一环。无论体育赛事是否以营利为目的，都是为包括观众在内的消费者提供一系列的服务，让他们的付出更有价值。所谓赛事营销理念是以观众为中心，紧绕市场，运用多种营销方式，以实现投资者与顾客的互惠共赢。

2．服务理念

根据以上理论及产品本身的特征，提供服务并满足消费者需求是高校体育赛事市场化运作的宗旨。高校体育赛事中的消费者，换一种说法，是使用体育赛事产品或服务的成员，既包括对体育赛事产品或服务的直接消费，又包括运动员在内的全体参与者对赛事支撑服务的间接消费，尤其是对赞助商和媒体等赛事参与体的服务。由于消费者在面对不同服务时，具有选择最佳消费模式的决策权利，因此服务理念的提出，对高校体育赛事的市场化运作有着重大的意义。

3．法律理念

法律是高校体育市场化运作必不可少的因素，法律与赛事风险紧密联系在一起。单单依靠任何一家公司或赛事参与体而完成体育赛事的整个运作任务都是不可能的，必须靠多方面的合作才能达到最终的赛事目标。既然有合作，也就必然有合同，有合同就必然有谈判和法律的存在。法律在高校体育赛事市场化运作中表现在营销、广告、赞助、国内外的电视转播权等一系列合同的签署。签订的正式书面合同是各方利益得到法律保护的根本凭证，使各方明确各自承担的职责、权利、义务、角色、财政负担和违约责任，且能免去由口头协议而带来的麻烦和风险。

4．品牌理念

市场需求的推动决定了高校体育赛事能否被塑造成品牌赛事，而不只是依靠政府及相关体育组织。赛事之所以能成为品牌，首先取决于赛事本身具有很高的竞技价值和很好的观赏价值，其次取决于运动员的竞技水平和对公众的影响力，最后取决于赛事组织经营者对赛事的包装和市场化运作。然而，不管哪种体育赛事，同样都需要经过数十年乃至上百年的运作经营和市场推广，才可能成为品牌赛事。虽然我国高校体育赛事的资源非常丰富，但品牌赛事还是很稀少。

（四）我国高校体育赛事市场化运作的程序

1．设置机构

高校体育赛事市场化运作的人员配置及组织机构会随着赛事的性质、规模、历史传承等因素的不同而发生变化。体育赛事运作管理机构如果是企业性质，则一般会在企业内部设立市场开发部，以负责整个赛事的市场化运作；如果是由政府部门组建的体育赛事组委会，则会另设市场开发公司，并直接受组委会监管。

2. 统筹资源

体育赛事市场化运作的第一步是统筹赛事资源，即对赛事所具有的市场资源进行详细而全面的调研、分析、统计、归纳、整理和分类。资源统筹不仅工作量大，而且对细节的要求也高，因此需要多部门的协调。资源统筹虽然主要由负责市场开发的部门承担，但必须同其他部门进行沟通协调。特别强调的是，统筹资源是一个很富有创意的过程。在原有资源的基础上进行创新，或者不断地挖掘新的市场资源，需要对资源进行筛选、优化与整合，以提升体育赛事市场化运作的质量与效率。

3. 确定目标

高校体育赛事市场化运作目标，简言之，是通过对体育赛事产品与服务的营销，以获得尽量多的利润。目标的制定，在日常运作中往往会有两种方式，或是对两种方式的综合运用。方式一是对赛事市场整个资源的总体价值进行全面估算，并以此作为基础，来确立赛事市场的开发目标，这是各种类型赛事特别是商业赛事所常使用的方式。方式二是根据赛事的实际资金需求来确定赛事的市场开发目标，这是国内许多综合性大型赛事所经常采用的方式。

4. 确立规则

赛事的市场开发应该遵循"公开、公平、公正"的原则，"等价交换"是高校体育赛事市场化运作的关键。因此，体育赛事运作机构要制定出对赛事市场进行开发的各种规则，且上报主管单位或赛事主办单位，确保规则的稳定性、统一性与权威性。只有这样，对赛事市场的开发才能做到有法可依、有章可循,还可避免朝令夕改、人云亦云等现象,并为以后各项合同的签订提供依据。

5. 制订方案

高校体育赛事市场化运作方案的制订,包括市场开发总体计划的制订与各项开发工作具体方案的制订。市场开发的总体计划一般包括制定销售预期目标、确定市场开发目标对象的范围、制定宣传手册与营销方式、市场开发的费用预算、各项开发项目的工作要求等;各项开发工作的具体方案包括门票、赞助、电视转播权等。

6. 实施方案

方案的实施是在不违背赛事市场开发总体规则的前提下,根据市场开发实施方案,有计划、有步骤地开展工作。在这个阶段,赛事市场开发时间跨度最长,人力资源投入最大,资金耗费量最多,故此,方案的实施效果直接影响到通过体育赛事而获取的利润。方案实施能否成功,以下这两个衡量标志缺一不可:一是赛事市场开发工作好坏的硬指标,即开发收入的多少。二是向赛事支付了费用的赞助商、购票观众,购买了电视转播权的媒体机构等开发对象的满意度。

第六章 高校体育场馆经营与俱乐部产业化

第一节 高校体育场馆的运作与管理

一、高校体育场馆的管理理念

健全的管理理念能够促使一个企业健康发展，同样高校体育场馆要想在市场中取得一定的经济效益，没有适合高校体育场馆自身的发展理念是不行的，也难以在市场经济中立足。高校体育场馆管理理念主要是指对体育场馆在市场运作过程中进行的思想指导，也是体育场馆在运作中处理各种问题的准则。管理理念是体育场馆运作的基础，是体育场馆发展的方向盘，最重要的目的是通过高校体育场馆从市场中获取经济效益。同时，高校体育场馆管理理念也有利于正确处理好与消费者、竞争对手及社会之间的关系，它影响着高校体育场馆发展的兴衰。

高校体育场馆要想在市场中获得较好的经济效益，只有管理理念是不行的，还要有相应的市场营销理念与之配合，才能发挥整体作用，促进高校体育场馆的长期发展。所以，高校体育场馆在走向市场化运作的过程中，应该像市场中的企业一样树立优秀的营销理念，以获得更好的经济效益。因此，高校体育场馆的经营理念主要从以下几方面进行：

（一）以人为本的管理理念

在市场经济中，企业把顾客往往定义为"上帝"，也就是说要把消费者的利益放在第一位。如果没有消费者的需求，企业则很难发展，所以必须满足消费者的利益，才能给企业带来更好的经济效益。对高校体育场馆而言，主要体现在两方面：一是要满足体育消费者对服务的需求。二是体育场馆在有偿开放过程中，不管是项目方面，还是价格方面，都能够满足消费者的消费习惯以及经济承受能力。

所以，高校体育场馆的相关负责人员应及时地去了解体育消费者的需求以及消费者的特点。高校体育场馆要按照消费者的需求来进行体育活动经营，并且在此基础上制定合理有效的管理政策和经营方针。高校体育场馆不同于社会大众体育场馆，在进行对外活动时，要切实考虑对学生的影响，不能为了发展学校经济而忽视了正常教学的进行。

（二）树立经济盈利的理念

高校体育场馆要想获得长期的发展，只依靠教育经费是不够的。根据对多所高校经费的调查显示，每年国家拨款给学校的经费，分摊到体育场馆方面的并不多。所以，在市场经济环境下，高校体育场馆更要树立经济效益的观念。过去，高校体育场馆被定义为服务于社会的公共场所，只注重社会效益，对自身的经济效益关注得很少，这阻碍了高校体育场馆在市场经济环境下的长远发展，也进一步影响了高校的发展。高校要建设就必须要有经费，国家不可能照顾到方方面面，所以高校体育场馆进入市场运作，不仅可以促进自身的发展，而且能够给高校带来经济效益。因此，高校体育场馆在树立经济效益观念的同时，也要满足消费者的需求，做到高校体育场馆和消费者的双赢。

（三）树立市场营销的理念

市场营销理念通常被定义为"以市场为出发点，以消费者为中心"的经营观念。市场营销理念具有以下几个特点：

1. 以体育消费者的需求为中心，实行目标市场营销。

2. 多重的市场营销相结合，不断满足体育消费者的需求。

3. 树立整体产品概念，积极地研发新的体育产品，以满足体育消费者的整体需求。

4. 通过满足消费者需求而实现企业获取利润的目标。

5. 市场营销部门成为指挥和协调企业整个生产经营活动的中心。

因此，高校体育场馆要树立市场营销观念，把握市场环境，树立市场观念是要高校体育场馆有为消费者全心全意服务的思想，为消费者提供良好的服务。只有让消费者满意了，才能够引来消费者消费，高校才能获得经济效益。

（四）高校体育场馆要树立全局观念

市场经济的基本特征是竞争，有竞争才有发展，在竞争中发展，这条客观规律一直存在。在市场经济条件下，企业从各自的利益出发，为了获得更多的资源而进行相互间的竞争，通过竞争，实现企业的优胜劣汰，进一步实现市场资源的优化配置。全局观念，是要有大局意识。现代高校体育场馆的战略目标和方向的确定，在很大程度上影响着高校体育场馆的生存与发展。所以，高校体育场馆要想在市场经济中取得长远发展，其工作人员就要树立全局的意识观念，遵从市场的发展规律，积极地面对竞争，在竞争中发现自己的缺陷，从而调整适合市场、适合自身发展的营销战略。

（五）高校体育场馆要有创新的意识

创新关系到一个民族乃至整个国家未来生存的发展，一个没有创新的国家是没有前进动力的。创新不仅影响着大局，也关乎着社会的方方面面。高校体育场馆的发展需要创新，高校体育场馆要想进入市场，就要摒弃原有的管理理念，创新管理理念，以适应市场发展的需要。高校体育场馆的创新不能局限于某一方面，应进行全方位的革新。当然，革新并不是完全摒弃旧有的，而是要在此基础上进行创新。高校体育场馆方面的创新涉及许多方面，如管理意识创新、体育场馆的项目创新、市场营销的创新等。

二、高校体育场馆经营管理的目标和任务

高校体育场馆管理的目标和任务是体育场馆进行一切经营活动的依据，高校体育馆的经营管理活动由经营管理的目标和任务所决定。有了目标和任务才能进行经营活动，没有目标和任务的经营活动不能给高校体育场馆带来经济效益。所以，在对高校体育场馆的管理中，要重视规划体育场馆的目标和任务，为高校体育场馆的发展做好准备。

（一）高校体育馆经营管理的目标

1. 为消费者提供全方位的服务设施

进入 21 世纪以来，随着社会经济的不断发展，人们的物质生活日益提高，但人们所面临的压力越来越大，各种疾病频繁出现，使人们开始重视体育活动，以缓解压力以及改善身体条件。在这样的背景下，人们对体育的需求越来越多，很多人都把体育活动作为日常生活中不可缺少的一项重要内容。人们对体育活动的重视，给体育馆产业的发展带来了新的生机。无论是社会公共体育馆，还是高校体育馆，人们到不同的体育馆中进行体育活动成为一种新的消费方式。通过对过去的体育馆的消费和现在的体育馆消费的对比，反映出人们对体育活动的兴趣不断地提高。因此，高校体育馆要抓住这一契机，在现有条件下，改变过去的观念，扩大思路，另辟蹊径，提供系统的、全面的体育活

动，以不断满足消费者对体育活动的需求。

2. 扩大高校体育场馆的经济效益

受经济因素制约，各所高校的体育建设资金匮乏，因而影响高校的长期发展。一些早期的体育基础设施难以满足正常教学的活动，同时也影响了高校学生身体健康状况的发展。高校体育要想在市场中获得消费者群体，只依靠国家的教育经费来解决高校体育设施建设问题显然是不现实的。

高校建设要转变发展理念，改变过去的发展模式，变被动为主动，积极引进先进的管理理念和发展模式，在一定程度上，不仅减轻了国家的财政负担，也很好地弥补了高校体育经费的不足。

3. 提高高校体育场馆的利用率

由于过去我国的体育馆建设落后，人们对身体健康的观念也不够重视，不仅社会公共体育馆的经营不好，高校的体育馆除了正常教学以外，再也没有其他用处。随着经济的不断发展，人们对身体健康的重视程度不断加大，体育场馆也逐渐地被利用起来。

高校体育馆在保证体育教学的需要之外，也开始对社会开放，并采取少量收费的方法，从而弥补了高校体育建设经费不足的问题，这在很大程度上提高了高校体育资源的利用率，满足了人们对体育消费的需求。但是，随着高校体育场馆的开放，凸显出来的矛盾也越来越多，如高校的体育馆没有专门的管理人员、管理的观念也很落后等。如果不解决这些问题，资源虽然会被利用起来，但这些因素仍制约着高校体育的发展。所以高校对体育馆可采用企业化的管理模式，高校体育馆在所有权归学校所有的前提下，可以成立体育馆管理中心，把学校的体育馆交由其经营管理。这样一来，不仅能使高校全身心地投入体育教学之中，也能使高校获得一定的经济利益，并且使高校的体育资源能够被充分利用起来。

（二）高校体育馆经营管理的任务

1. 开展多种体育经营项目活动

高校体育馆的经营管理活动，一般都是为体育消费者提供体育运动服务，很难发挥自己的服务能力和水平。因为体育项目活动受各方面的影响，具有周期性和时间性，并且一些体育运动项目还有季节性。这样，高校体育馆的经营管理活动就出现了闲置的状况。所以，高校体育馆的经营管理在保证为体育运动服务的前提下，充分把高校体育馆闲置的时间利用起来，积极开展多方面的经营，为体育消费者提供体育以外的其他社会性服务，使高校体育馆得到最优化的发展。

2. 满足体育消费者的需要

高校体育馆进行市场化经营的首要任务是为体育消费者提供服务，这是高校体育馆的基本职能。所以，高校体育馆应积极地开展各项体育项目活动，在保证体育运动员能够正常训练的情况下，可以举办各种运动竞赛、体育表演及各种形式的体育活动，以满足广大体育消费者的需求。

3. 提高体育消费者运动技巧的能力

体育锻炼的项目多种多样，一些体育项目要求体育消费者要具备一定的锻炼技巧，如羽毛球、游泳、篮球等体育运动。高校体育馆的体育项目，一般都要求体育锻炼者要具备一定的锻炼技巧，另外，体育设备具有较高的科技含量，进行体育锻炼时必须按照规定的操作去使用。若不按照规定操作，不仅会给自身带来危害，也会使体育设备受到损坏。

对于一些初次到高校体育馆消费的体育消费者来说，一些看似简单的体育运动项目，实际操作却需要较高的技能和技巧。所以，为了避免事故的发生和设备的损坏，并且能够提高运动的效果，高校体育馆的服务人员要向体育消费者提供耐心而正确的指导性服务。例如，健身房的运动器械、设备的复杂程度是不一样的，尤其是那些进口设备，如由电脑控制的健身自行车、跑步机等，消费者都需要具备一定的技巧，才能去操作它们。

4．给消费者提供安全的运动环境

体育活动最主要的目的是提高人们的身体健康，但是在体育锻炼过程中，往往会有一些不可控的危险。所以，高校体育馆在对外开放过程中，一方面要满足消费者的各项体育项目需求，另一方面要为体育消费者提供安全舒适的体育锻炼环境。

任何一项体育活动的开展都有可能存在不安全的因素。例如，在进行羽毛球活动时，会滑倒、摔伤等；进行篮球体育活动时，难免会与队员碰撞，造成摔倒等。所以，高校体育馆的服务人员需要时刻注意到消费者的活动情况，及时地提示消费者按照正确的安全规范去参加体育活动。并且高校体育馆的服务人员要懂得医疗知识，在遇到突发事故时，能够及时处理。同时，高校体育馆也要定期检查体育器材的使用情况，根据客流量，更新有损耗的设备，或者增加体育锻炼器材，尽量减少不安全的因素。

如果高校体育馆的管理人员不注意对体育器材设备的定期检修和保养，一旦给体育锻炼者带来损伤，除了会影响高校的形象，也会造成客流量减少，从而影响高校体育活动的正常进行，最终影响高校的收入。因此，高校体育馆经营中的一项重要任务是尽可能降低不安全的因素，减少安全隐患。总之，高校体育馆要尽最大的努力为体育消费者提供安全的体育锻炼环境，以满足体育消费者的安全需求。

三、高校体育场馆的运作方式

高校体育馆因为承担着体育教学的任务，很有可能会与经营者的利益发生冲突，也会影响到学校体育教学的任务。所以高校体育馆在选择经营方式的时候要慎重考虑。

（一）合作经营的运作形式

合作经营是指高校体育馆以高校体育馆的基础设施包括场地、场馆等设施作为投资品，校外其他投资者以现金、设备以及管理等作为投资品合作经营体育业务的经营方式。

高校体育馆选择这种经营方式的特点在于通过和校外投资者合作方式，来解决高校体育馆的经营过程中资金缺乏、管理经验缺乏等问题。这种合作经营的方式，一般是盈利收入以股份制的形式按比例分成。合作经营的双方以有限责任公司的组织形式明确经营过程中遇到的风险和收益，所以这种合作经营的方式营造了利益共享、风险共担的经营机制。

高校与校外投资者的这种合作经营方式有利于发挥合作双方各自的优势，扬长避短，从而给经营的项目增加了实力和竞争力。高校体育馆虽然在基础设施和人力资源方面具有明显的优势，但是却在资金、经营管理方面能力缺乏。所以，高校选择与校外投资者的合作方式有利于高校体育馆在市场经济环境中取得良好的发展。

（二）直接经营的运作形式

直接经营是指高校有关部门自己组织部门对体育馆的日常活动进行经营管理。高校直接对体育馆进行经营管理，对于高校自身的发展来说，有很大的优势。比如，高校能够直接对体育经营的项目直接开发，这不仅节约了资源，还能对资源做到整体的统筹规划，使资源能够合理地利用起来。因为高校在发展过程中，是要有大局意识的，所以高校直接经营体育馆能够实现经济效益的最大化以及社会效益的最优化。高校直接经营体育馆，在进行经营活动中，不会和高校的体育教学任务造成冲突，能够很好地保证体育教学的正常进行，毕竟高校的主要任务是教学。但是高校直接经营体育馆存在一些缺陷，如对体育馆的前期经营需要大量的资金做支撑，但由于高校的资金有限，投入体育方面的资金更有限，使得高校体育馆的流动资金少，经营项目启动慢。

通过分析可以看出，高校体育馆直接经营优势明显大于劣势，高校体育馆刚刚走向市场，由于缺乏经验，各项管理制度也不健全，经营有一定的难度。但是只要经营得当，就有利于高校体育馆的发展，甚至有助于高校的整体发展。无论高校选择哪一种方式经营，都要根据自身的情况，具体问题具体分析，选择适合自己的经营方式。

（三）承包制经营的运作形式

承包制经营的运作形式是指高校体育馆通过与校外的一些经营者签订合同，把经营设施以承包的形式让出经营权而获得经济利益的方式。高校体育馆承包制经营主要有以下两种方式：

1. 整体承包经营

整体承包的经营方式是高校通过寻找一些比较有实力的校外经营者，通过每年缴纳一定的承包费用而对体育馆的整体进行经营。这种方式的弊端是，容易造成价格上的垄断。

2. 分项目承包经营

分项目承包经营是指高校把体育馆的不同体育设施和不同的体育项目活动分割开来给多个经营者进行经营。这种方式能够形成竞争，但是不利于高校体育馆的整体发展。

高校体育馆承包制经营，可以通过招标、协商等方式对外进行承包。在条件成熟的情况下，招标方式更理想些，它既可以体现市场上的真实价值，又可以杜绝幕后交易。高校体育馆对外承包的优点在于体育馆在管理上比较轻松，能够获得稳定的收入，并且能够专注于对学校的教学。不足之处在于高校体育馆对体育馆的经营失去了控制权，对体育馆承包者的经营行为难以进行有效的监管和规范。一旦承包者违反法规，就会与体育馆发生纠纷，并且其矛盾较难协调，合同所规定的各条款不可能涉及方方面面。

（四）委托经营的运作形式

委托经营的运作形式是指在不改变体育馆所属权和功能定位的前提下，委托经营单位对体育馆进行经营的一种方式。高校体育馆通过这种方式，不仅可以发挥体育馆的各种体育功能，同时也能有效解决高校建设资金不足的问题。委托的方式只需要学校提供体育场馆等设施，不需要考虑经营问题，这对学校来说，管理起来也比较容易。

四、建立和完善高校体育场馆的各项管理制度

高校体育场馆作为校园内重要的体育资源，其管理制度的建立和完善对于提高场馆使用效率、保障教学秩序以及促进校园体育文化的发展具有重要意义。下面，我们将从综合管理制度、专项管理制度、岗位职责划分以及使用制度四方面，详细探讨如何构建和完善高校体育场馆的管理制度体系。

（一）构建高校体育场馆的综合管理制度

综合管理制度是高校体育场馆管理制度体系的基础，它通常由学校领导部门根据学校的实际情况和体育场馆的特点制定。这类制度以规范性文件的形式公布并实施，具有高度的权威性和指导意义。综合管理制度主要包括体育场馆

的管理原则、工作流程以及各相关部门的职责等内容，为场馆的日常运营和管理提供了明确的指导。

随着高校体育场馆逐渐对外开放，越来越多的高校开始重视这方面管理制度的制定。通过综合管理制度的建立，学校能够更好地整合资源，以确保体育场馆的高效、有序运营，同时也有助于提升学校的整体形象和管理水平。

（二）制定高校体育场馆的专项管理制度

与社会体育馆相比，高校体育场馆在经营方式上有着独特的特点。高校体育场馆的首要任务是为学生的体育教学服务，因此，在对外开放过程中，必须确保不影响学生的正常教学秩序。这就需要高校体育场馆结合学校的实际情况，制定专项的管理制度。

专项管理制度应针对体育场馆在对外开放的过程中可能遇到的问题和挑战，提出具体的解决方案和管理措施。例如，可以制定关于场馆使用时间、收费标准、安全保障等方面的规定，以确保教学和经营活动的协调发展。通过专项管理制度的制定和实施，高校体育场馆能够更好地平衡教学与经营的关系，从而实现资源的最大化利用。

（三）明确高校体育场馆的岗位职责划分

为了获得一定的经济效益和社会效益，高校体育场馆在对外开放的过程中需要建立合理且规范的经营管理制度。而明确岗位职责的划分是规范经营管理的首要步骤。通过科学合理地安排岗位职责，能够确保每位工作人员都能明确自己的工作职责和范围，从而提高工作效率和服务质量。

具体的岗位职责可以从管理层次和管理职责两方面进行界定。从管理层次来说，可以制定高校体育场馆馆长岗位职责、值班人员岗位职责等；从管理职责来说，可以制定办公室岗位职责、场地管理岗位职责、设备维护岗位职责等。通过明确岗位职责划分，高校体育场馆能够建立起一支高效、有序的运营团队，为教学和经营活动提供有力保障。

（四）建立高校体育场地使用制度

高校体育场馆拥有丰富的体育资源，这些资源的合理利用和提高使用率是高校体育场馆对外开放的重要目标之一。因此，在经营管理中制定并使用相关制度显得尤为重要。这类规章制度通常是专门针对体育馆的使用而制定的，一般以某体育馆使用规定或入馆须知的形式出现。

在我国的大部分高校中都已经建立健全了这类规章制度。通过明确使用规定和注意事项，能够确保体育场馆的安全、卫生和秩序得到有效保障。同时，合理的使用制度也有助于提高场馆的使用率，以满足更多师生的体育需求，从而进一步推动校园体育文化的发展。

第二节　高校体育场馆的经济风险

在市场经济环境下，企业运营存在的风险多种多样。一般主要有两种：管理风险和经济风险。管理是企业发展的基础，经济是企业发展的动力。如果管理和经济任何一个出现错误，企业的发展就会受到影响。高校体育场馆在市场经济环境下，也存在不同的风险。但是相对于企业来说，高校体育场馆存在的风险是相对的，高校体育场馆在运营中对经济的管理，主要体现在盈利方面。

一、高校体育场馆经营风险分类

（一）体育及体育场馆的经济风险

1. 体育经营不善导致的经济风险

体育经营不善导致的经济风险主要是指体育经营单位在经营活动上的不确定性给体育经营单位带来的经济损失。关于不确定性的问题，在经营上主要包含成功和失败两方面。经营的成功能够给经营单位带来经济效益，经营的失败则是给经营单位带来经济损失。

2. 体育场馆经营不善导致的经济风险

对体育场馆经营不善而导致的经济风险，可以理解为体育场馆在向社会开放过程中遇到的风险。体育馆风险主要是由内外环境的不确定性、服务经营活动的复杂性以及高校体育馆在一些活动中能力的局限性造成的。

（二）高校体育馆运营风险分类

1. 按照经济风险的来源划分

根据高校体育馆经济风险来源的不同，可以分为体育馆外部风险和体育馆内部风险。

（1）高校体育馆外部风险。高校体育馆外部风险主要是指高校体育馆在进行外部经营过程中存在的风险。高校体育馆外部风险又可分为三类：①微观外部风险，是指高校体育馆外部环境与高校体育馆经营直接关联的个体给高校体育馆经营带来的风险。其中包括顾客风险、供应商风险、竞争对手风险、同盟者风险等。②中观外部风险，是指高校体育馆的中观环境，即联系宏观环境与微观环境的媒介给高校体育馆的运营带来的经济风险。③宏观外部风险，是指高校体育馆与宏观环境有关的社会环境风险和经济环境风险等相关风险的统称。

（2）高校体育馆内部风险。高校体育馆内部风险一般指高校体育馆自身存在的风险。高校体育馆内部风险主要包括以下三类：①产品风险，是指高校体育馆的服务产品存在的风险，主要包括产品市场竞争力风险、产品结构风险、新产品的研究与开发风险、生产系统适应性风险。②财务风险，是指归高校体育馆所有、占有、使用和保管等财产受损的风险。高校体育馆的财产，既包括资金、消费品、体育设备等有形资产，也包括信息、权益、信用、产销技术等无形资产。③营销风险，是指高校体育馆营销系统中存在的风险，主要有营销能力风险和售后服务风险。

2. 按照经济风险产生的原因划分

（1）自然风险是指由于自然的不规则变化给高校体育场馆带来的经济损失，在现实生活中是大量发生的。在各类风险中，自然风险是保险人承保最多的风险。自然风险有三个特征：自然风险的不可控性、自然风险的周期性、自然风险的共沾性。

（2）人为风险是指由社会的体育消费者或者是高校内部的体育消费者行为不当而给高校体育馆的经营带来的经济损失。

（3）政治风险是指高校的领导层变动、高校体育场馆发展模式的突然改变，以及高校政策方针的转变给高校体育馆的发展带来的经济损失。

（4）技术风险是指高校体育馆在进行社会活动时，由于技术不过关给体育消费者带来损害，给高校体育馆带来经济损失的风险。

二、高校体育场馆规避经济风险的方法

经济的快速发展，资金的快速聚拢，使得我国正在进入资本市场。在当前

竞争日益激烈的市场经济条件下，如果企业不更新经营方式，将会被市场迅速淘汰，伴随着经营方式的创新与改变，经济风险也在随之增大。高校体育馆在市场经济中还是一个不成熟的成员，无论是在经营理念上，还是在经营方式上都缺乏一定的市场操作经验。由于经验缺乏，盲目地进入市场则会给体育馆经营带来更大的风险，尤其是经济风险。高校体育馆要规避市场中遇到的风险，就要有规避风险的措施。高校体育馆风险管理的目的是及时发现问题，把风险扼杀在摇篮里，或是把风险降到最低限度，以达到趋利避害的目的。

（一）高校体育馆经济风险管理的概念

高校体育馆经济风险管理是指对由于突发的、非预期的特殊事件或故意侵权事件而给高校体育馆所造成的各种无形或者有形的损失的可能性进行控制。其中，主要包括场馆形象和声誉的损失、经济损失以及对场馆未来发展的不利影响。

（二）制订高校体育馆经济风险管理计划

高校体育产业的发展还处于初级阶段，各项制度还不够完善，也没有一整套合理的体育经济发展模式，在管理上存在很大问题。由于这些原因的存在，高校体育产业面临很高的经济风险。如何通过制订风险管理计划来降低经济风险，使得高校体育产业健康发展，是高校体育发展面对的一个主要问题。

在风险管理过程中最重要的一个环节是风险管理计划的制订。风险管理计划的制订分为三个阶段：风险确认阶段、风险评估阶段和风险处理阶段。这三个阶段在风险管理计划中是相互联系的，少了哪个阶段都无法规避风险。在制订风险管理计划时，高校体育馆管理者要根据这三个阶段与高校体育场馆的运营模式及管理理念相结合，并且通过对体育消费者的深入调查来确定目前高校体育馆所面临的经济风险，并把经济风险降低到最低。

1. 风险确认阶段

高校体育馆要对风险进行确认，就必须把高校体育馆经营过程中可能遇到的经济风险事先做到合理的预测。可以通过调查体育消费者对体育馆管理的意见、检查体育馆各方面的设施、内部员工交流经营过程中存在的问题等方式来确认高校体育馆经营过程中存在的经济风险。风险确认的主要目的是找出风险存在的主要因素和次要因素。主要因素在很大程度上是指体育馆内部管理各部门的工作人员，次要因素是指体育消费者或自然灾害等。体育馆在经营过程中，随时都有可能遇到风险，不管是风险大小，都会给经济带来损失，所以高校体育馆管理者要随时对风险进行确认，以及时降低风险，从而为高校体育馆创造良好的发展环境。

2. 风险评估阶段

风险确认以后，要对风险进行评估，风险评估的对象主要有两个：风险发生的频率和风险造成损失的强度。风险是一种潜在的危害因素，其始终存在于高校体育馆经营的过程中，对于风险的评估，只有根据以往发生的事故记录和经验进行判断。一般情况下，风险发生的频率主要分为：经常发生与很少发生。对于损失的强度，则主要分为三种可能：高度损失、中度损失、低度损失。无论高校体育馆进行什么样的体育项目活动，都存在一定的风险，所以高校体育馆管理者要时刻关注存在的风险。

3. 风险处理阶段

风险管理计划的最后一步是风险处理，风险处理的主要任务是对已经确认和评估的风险进行处理，通过风险处理把高校体育馆的经济风险降低到最低。通常用于风险处理的方法主要有以下四种：

（1）降低风险法。降低风险法在高校体育馆经营风险管理中是风险管理的核心。高校体育馆经营者要充分认识到风险的存在，并且及时采取各种有效的措施和处理方法，以降低各种事故发生的可能性或者是因事故造成的负面影响和经济损失。可以通过加强安全管理，及时进行维护并更换体育器材等方法降低高校体育馆经营的风险。

（2）回避风险法。回避风险法主要应用于发生频率较高并且容易造成严重后果的经济风险中。高校体育风险管理者在对体育馆进行经营管理的过程中必须在风险发生之前对风险进行全面的预防。一些风险是无法避免的，造成的后果又十分严重，所以在组织进行体育活动之前，要仔细全面地对该项体育活动存在的风险进行分析，如果风险能够处理，则应及时处理掉，然后再进行体育活动；如果风险带来的后果比较严重，组织者无法承担风险，则应取消该项体育活动。

（3）转移风险法。转移风险法是指高校体育经营管理部门市场化过程中经营遇到的风险，通过购买保险等方式将高校体育活动中遇到的风险尽可能地转移给其他组织与个人的方法。购买保险是高校体育活动组织降低风险、转移风险的一种手段，是以经营者或体育活动组织者支付一定的保险费用为前提的，在体育活动中发生的事故与造成的经济损失由保险公司负责承担该事故的经济赔偿。

（4）风险保留法。风险保留法主要用于风险发生频率低、实际损失较小的体育活动。高校体育馆在经营运作过程中，常常保留一部分财政预算资金以支付体育消费者在体育活动中受到的各种损失。最为常见的是提供一些基本的紧急救护和对消费者造成经济损失的资金补助。

第三节　高校体育俱乐部及其市场化运营管理

一、市场经济环境下的高校体育俱乐部

时代的发展带动体育运动的快速发展，由于市场经济的影响，计划经济体制下的竞技体育开始向俱乐部模式转化。如何迎接并赶上这一改革大潮，让高校体育抓住机会实现改变，这一问题已经引起了各个相关部门的关注。针对性地培养专业人才是高校体育发展的目标，而规范有效的体育制度是保证学生顺利进行学习和锻炼的理论前提。高校体育体制要从根本上打破传统的体制和模式，建立符合现代社会建设和高校体育发展的市场经济运行机制，保持财权相对独立于拥有全新管理机制面貌的高校体育俱乐部，打破行政领导权的垄断，简政放权。高校体育俱乐部作为一个突破口，为高校体育向全民体育的转变发展提供了可能。

高校体育管理机构以俱乐部的形式全新出现，冲击了原有的组织机构，使组织者的权力范围增大，在一定程度上解决了经费不足的现象。它为体育办学拓宽了渠道，丰富了高校体育文化，促使体育项目的多样化，改善体育设施，优化教学环境，从而调动教师和学生学习锻炼的积极性与主动性，增强学生的社会意识，学生可据此考虑选择自己的终身体育项目。由此看来，高校体育俱乐部的出现，是全民健身计划开展实施过程中独具创新的一步。

二、高校体育俱乐部的日常运营管理

与社会上的健身体育俱乐部一样，高校体育俱乐部也包括三大业务部门，

即销售部、教练部和运营部。这三大部门维持着整个俱乐部的运作和发展,其中运营部是最基础的,因为它的主要内容是为俱乐部会员提供安全且舒适的体育场地、设施、器材、锻炼环境以及优质服务。俱乐部的日常运营管理情况,影响着会员对俱乐部的口碑和评价;而会员的满意程度,又极大地影响着俱乐部的存在与发展。因此,俱乐部的日常运营管理对俱乐部的命运间接地具有重要的决定作用。

俱乐部的日常运营主要包括前台、商品买卖和保洁服务、俱乐部内设施的维护和更新、教职工与会员的管理以及应对和避免突发事件的方法等。

(一)体育俱乐部前台服务与管理

1. 前台服务的重要性和标准

(1)前台服务的重要性。前台服务员可以说是俱乐部的门面,因为这是会员进入俱乐部首先感受到的服务,也是会员结束锻炼离开时最后接触到的服务。因此,前台的服务质量直接影响着整个俱乐部服务水平。由此也可看出,前台的工作和服务质量的重要性。

(2)前台服务的标准。

1)要以热情和亲切的态度接待和送别会员,学会使用"您好!欢迎光临""再见,欢迎下次光临"等礼貌用语。

2)在接待会员时,称呼对方要用敬语,如"李先生""王女士"等,并且要时刻保持微笑,与会员交流时要看着对方的眼睛。

3)在递接会员的物品或会员卡时,要用双手。

4)要有主动性。主动询问会员的训练情况、是否遇到问题、需要什么帮助等,并经常赞美、关心和鼓励会员。

5）如果遇到无法解决的问题和困难，要及时告知值班经理，并协助其一同想办法处理。

6）如果遇到顾客投诉的情况，态度要谦和，要有耐心，控制自己的情绪，可将顾客带至安静的地方，先聆听顾客的建议，再给出合理的解释，并共同寻找解决的方案，切记在任何情况下都不能与顾客发生肢体或言语冲突。

7）前台工作人员上班时间禁止用自己的手机拨打私人电话，更不可在免提状态下进行通话。

8）不管是在会员面前还是在电话交谈中，都要保持礼貌，言语要亲切友好。

2．前台服务人员的具体工作

（1）监控俱乐部入口，接待和送别会员。

（2）接听电话。

（3）为会员和顾客提供咨询服务。

（4）处理会员或顾客投诉。

（5）负责播送广播、管理更衣柜。

（6）协助其他部门开展俱乐部的工作。

（二）体育俱乐部商品买卖服务与管理

俱乐部的商品买卖主要是指酒水、食品以及体育相关用品的买卖和收银。与前台服务的重要性一样，商品买卖部工作人员的一举一动也影响着俱乐部的整体形象。

1．商品买卖部员工应掌握的知识和技能

（1）要熟悉商品的相关知识，包括价格、使用方法等信息。

（2）商品用具的清理和消毒。

（3）商品的制作流程和注意事项。

（4）熟悉商品部的不同商品区域分布、俱乐部内的区域分布、消防用具摆放位置和使用方法、消防通道分布。

（5）各员工与上级的联系电话、运送货物电话、应急电话。

2．商品买卖部员工的工作标准

（1）熟悉商品知识，以便向顾客进行说明。

（2）配合配货、理货、收银，站在显眼的地方，以便顾客需要时能及时找到，然后主动询问顾客的需求，直接为顾客指导和服务。

（3）保持正确的微笑和站姿，善于观察、了解顾客的喜好，及时为顾客提供帮助，并有针对性地向顾客推荐和介绍商品，促进交易的完成。

（4）认真、热情地为会员发放礼品或赠品，随时注意递接顾客的物品，并用双手服务。

（5）若会员需要的商品缺货或者俱乐部没有出售，可尽量向会员介绍其他商品替代。

3．商品买卖部员工的工作内容

（1）熟悉买卖部范围内商品的一切信息，主动热情地向会员问好并推荐商品。

（2）负责理货工作，包括展架摆放、货品陈列、调整促销商品位置，保证货物齐全。

（3）每日早晚都要盘点仓库货品，要认真填写库存表单，交接班时，要认真填写交接单。

（4）定时检查货品是否有损坏、缺货，及时处理并向上级汇报，联系供货商，补充货源，更换货品。

（5）发放会员礼品，对产品进行保管。

（6）保持商品买卖部、食品加工间、休息区、仓库的整洁。

（三）体育俱乐部保洁服务与管理

会员进入俱乐部第一感觉是俱乐部的卫生状况，因此俱乐部保洁人员的工作质量，直接影响着会员对俱乐部的印象，也影响着俱乐部整体的卫生状况。

1．保洁人员仪容仪表规范

（1）身体要求。保洁人员的身体各部位要整洁，包括头发和头皮要清洁、面部要干净、双手指甲要经常修剪等。

（2）服饰要求。要统一着工作服，工作服要保持干净平整，无破损、无异味；鞋子着统一的工鞋，最好是布鞋，禁止穿皮鞋、凉鞋，鞋子要保持干净整洁，无破损和异味；袜子统一为黑色，仍是要干净，无破损和异味。

（3）饰物要求。除了戒指，禁止佩戴其他饰物。

2．保洁人员的行为规范

（1）文明礼貌。见到会员，要主动问候，学会使用文明用语，身姿正确，态度友好，言语得体，对待会员要有耐心，随时保持热情；遇到会员或同事，要打招呼，遇到上司或领导，要让行；在俱乐部内，要保持姿势和动作的优雅；进入办公室前要先敲门，在得到允许后进入；双手递接会员的物品；工作期间保持安静。

（2）个人素质规范。禁止代管会员物品；禁止在工作区域内吃东西、喝水；严禁对会员任何形式、任何理由的欺骗；在与会员相处时要保持适当的距离。

（3）工作行为规范。正确保养和使用清洁工具，留意使用时的注意事项；

工作认真负责，严禁拖拖拉拉、马马虎虎；若发现设备或器材有损坏或出现故障，应及时告知值班经理；工作时应做到节水省电，主动制止浪费水电现象；服从上层管理，协助其他同事共同工作。

3．保洁人员的主要工作

保洁人员主要负责俱乐部内的日常卫生状况，包括场地、器材、设施、设备等的干净整洁。

（四）体育俱乐部设施的维护及管理

俱乐部的最主要任务是为会员提供健身场地和器材，因此俱乐部硬件设施必须状态完好才能满足会员锻炼的需求。由此，俱乐部器材、设备和设施的保养、维护与维修显得极为重要。

1．体育俱乐部器械的日常维护

（1）每日上下班要检查器械、水电是否完好，以保障一切硬件设施正常运行。

（2）若发现硬件设施故障，要及时处理。

（3）若故障严重需厂商修理，应及时联系厂商并挂出"维修暂停用"的指示牌。

（4）定期对设施进行保养。

（5）定期检查、维护、修理器械和更新音响设备、照明设备。

2．更衣室和卫生间设施的维护

包括更衣室内的饮水机、吹风机、面盆、更衣柜，卫生间内的设施、水龙头，桑拿房等维护和维修。

3．墙面、地板的维护和维修

体育俱乐部要聘请专业的维护和维修团队来进行定期的检查和保养工作，

需要注重细节和及时性，以确保设施的安全、美观和耐用性。

4. 突发事件的及时应对

若发生停电、停水、漏水、电视信号中断等突发情况，要及时查找原因并解决，以使俱乐部正常运行。

5. 其他

俱乐部的装修工作以及配合其他部门工作等。

（五）体育俱乐部突发事件的处理方法及预防措施

不管在任何场所，突发事件总是无法预料的，我们能做的是尽量采取措施避免此类事件发生，并在发生时将损失降至最低。

1. 常见的突发事件

一般常见的突发事件有停电、停水、火灾、失窃、打架斗殴、食物中毒、人员伤病等。

2. 常见突发事件的应对措施

（1）若遇突发事件，不管是什么事件，都应首先汇报给值班经理，再由经理向上级汇报。

（2）停水停电，应及时联系俱乐部的维修人员进行维修。

（3）火灾。火灾发生时要保持镇定，不管火势大小，都应该先疏散人员。火势小，俱乐部内的工作人员可自行扑灭；若火势较大，在疏散人员的同时，要紧急拨打消防电话。

（4）失窃、打架斗殴。情节较轻，可由俱乐部工作人员协助保安处理；若情节较重，需报案，交由公安局处理。另外，若失窃、打架斗殴行为隶属于俱乐部工作人员所为，需对涉事员工进行严肃处理。

（5）食物中毒、会员伤病。视病情轻重进行处理，病情较轻，可由俱乐部医务室出面诊疗；若病情较重，应立即送往医院治疗，并帮助会员通知其家人。另外，若确定是俱乐部内的食物造成会员食物中毒，俱乐部必须致歉并与会员协商出满意的处理结果。

3．突发事件的预防措施

（1）体育俱乐部内组建安全应急组织机构，定期组织员工进行安全培训。

（2）定期检查硬件设施的正常运行和安全问题。

（3）加强员工的防范意识和安全意识。

（4）俱乐部各个部门人员随时保持待命状态。

（六）体育俱乐部教练（老师）的管理工作

1．教练或老师的作用

作为体育俱乐部最重要的角色之一，教练或老师在整个俱乐部的运营过程中具有至关重要的作用。他们为会员制订并指导安全、个性、快速、有效的训练方案，为会员的锻炼、营养补充、作息时间提供合理的建议，在会员的各个时期，给予会员鼓励和支持，帮助会员一同完成健身计划。

2．教练或老师的主要职责

（1）根据会员的需求制订合适的健身计划。

（2）认真给会员上课以及场地指导，为会员提供优质的服务。

（3）努力学习专业知识，定期参加俱乐部组织的教练或教师培训。

（4）正确使用和维护俱乐部内的各种器械，以及办公室、更衣室、休息室等。

（5）准时上下班，与同事和领导和谐相处，严格遵守俱乐部的规章制度。

(七)体育俱乐部的会员管理工作

会员是俱乐部的主体,是维持俱乐部运作的根本所在。没有会员,俱乐部也就没有继续发展的必要。因此要抓住会员的心理,了解会员的属性,妥善管理会员档案,制定合适的管理策略,以推动俱乐部的成功发展。

1. 会员的消费心理

不同性别、不同年龄段的人的消费心理也不同,主要分为青年人消费心理、女性消费心理和中老年健身消费心理。其中,青年人消费心理的特征包括健身时尚消费心理、情感消费心理和效果消费心理;女性消费心理的特征包括追求美感消费心理、实惠消费心理、多样化和个性化消费心理;中老年健身消费心理的特征包括理智健身消费心理、需求稳定消费心理。

2. 会员的属性

会员的属性按不同角度划分主要有三方面:按照会员消费目标的选定程度划分;按照会员消费行为表现特征划分;按照会员的情感反应划分。其中,按照会员消费目标的选定程度分为半确定型和不确定型;按照会员消费行为表现特征分为习惯型、情感型、随意型、经济型、理智型、疑虑型、从众型和冲动型;按照会员的情感反应分为健谈型、激动型、沉静型、反抗型和谦逊型。

3. 会员档案应用情况及管理措施

在电子技术快速发展的现代,手动操作的现象已经逐渐被淘汰,在比较正规的场所,均开始使用计算机建立电子档案,俱乐部也是如此。建立会员档案,是维持会员与俱乐部之间关系和谐发展的一个有效途径。

(1)会员的资料建档。学校学生要建立档案,俱乐部会员也是如此。一般档案中都包含着会员的重要信息,因此档案是会员与俱乐部之间信任和忠诚的体现;有了会员的基本资料,方便俱乐部与会员联络、沟通,从而进行其他一切事宜。俱乐部需要注意的是要维护会员资料的安全，避免泄露，同时在获取会员资料时，一定不要涉及会员的隐私。

（2）会员的追踪分析。通常来说，俱乐部一定要对会员进行锻炼后的调查，询问锻炼感觉、锻炼结果、有何建议等。另外，俱乐部也要根据会员锻炼的情况，如次数、每次相隔的时间等来分析会员继续保持的可能性，从而牢牢抓紧会员，或是开发更多健身领域的会员。

（3）会员的意见调查。会员的意见是俱乐部持续发展的动力，可让俱乐部发挥优点或改善自身的不足，也是与会员维持长期有效关系的重要手段。会员满意度调查前要做好准备，会员满意度调查时要采取合适的途径，并不断改进措施。

（4）会员组织的管理。长期且稳定的客源是俱乐部发展壮大的重要基础，一般会员在俱乐部可以享受更优惠的价格、参与俱乐部举行的联谊活动、电话预约、上门服务、俱乐部发放的会员调查表、各方面健身指导等利益。

（5）提高会员的满意度。会员进入俱乐部消费，旨在获得满意的服务和锻炼效果，因此，满意度是会员的追求，也是俱乐部维持客源的重要因素。提高会员满意度的方法主要有在和谐友好的关系上进行良好的沟通、微笑礼貌服务、彻底了解会员、学会善于聆听和询问、维持信任的关系、给人好感的自我介绍等。

（6）增加会员的忠诚度。人与人之间需要忠诚，人与经济实体之间也需要忠诚（如会员与俱乐部之间）。数据证明，会员的忠诚度升高5%，体育俱乐部的利润就会增加25%~85%，可见会员忠诚度的重要性。

增加会员忠诚度的方法主要有为会员提供优质甚至超值服务、将会员组织起来、采取措施消除会员的"喜新厌旧"心理、对会员体贴入微、满足会员的第二需求等。

三、高校体育俱乐部的财务运营管理

虽然高校体育俱乐部不以营利为目的，但它的财务管理原理、方式和技术仍是大同小异的。

（一）高校体育俱乐部的财务管理目标及特征

一般来说，与社会上的非营利性俱乐部一样，高校体育俱乐部的财务管理目标取决于体育俱乐部的总体目标。财务是帮助高校体育俱乐部实现目标的经济支持的部门。高校体育俱乐部的财务管理目标，即获取资金并合理利用，在高校体育建设和发展的过程中，最大限度地实现自身价值。财务活动主要包括资金筹集和利用此资金为校园学生和文化服务。在这一点上，高校体育俱乐部是从根本上区别于营利性组织的。高校体育俱乐部财务管理目标的特征与营利性组织不同，主要表现在以下几点：

1. 高校体育俱乐部财务管理中没有利润指标

在营利性组织中，股东通过投资并成立俱乐部，其根本目的是希望俱乐部能为自己创造巨大财富，也就是为自己带来利润。但是高校体育俱乐部成立的根本目的是为高校体育的发展服务，盈利并非重要目的，利润也就大大低于营利性组织。甚至在俱乐部内，有些设备和服务是免费的，使其更是达到零利润地步。高校体育俱乐部也有资金来源，但一般都用在举办各种活动和对设备的维护、维修以及更新上。因此，高校体育俱乐部在财务管理中没有利润指标。

2. 非营利体育俱乐部财务管理中，顾客不是其主要资金来源

高校体育俱乐部不以营利为目的，其资金来源也很有限，但是顾客，即学生的会员费只是其中的一方面，并不是主要的资金来源。俱乐部的资金主要来

源于三方面，即校方拨款、民间捐赠和服务收费。校方拨款在发达国家比较明显，为支持高校体育俱乐部的发展，推动高校体育的发展，政府在政策和经济上都大力支持；民间捐赠主要是社会个人、基金组织或者一些营利性组织、企业、公司的赞助，这是高校体育俱乐部有别于纯营利性组织的标志之一；服务收费是指会员在俱乐部内使用器材设备锻炼，教练或教师提供指导，工作人员提供帮助以及一些商品买卖等交易的收费。只有保障经济来源，才能在一定程度上为高校体育完成校园文化和高校体育的发展提供有力的保障。

3. 在高校体育俱乐部的管理中，责、权、利不明确

责、权、利不明确主要针对管理阶层，由于此阶层人员是由各相关部门挑选的人员组成，再加上高校体育俱乐部并非纯营利性组织，没有较大的利润，导致在重大目标决策上，管理人员难以达成一致，同时在对组织的投入多少、此投入能多大程度地帮助解决问题这一目标上难以给出确切结论。这一切导致在对高校体育俱乐部运营效率的衡量上缺乏明确指标。所以，各部门的责、权、利无法与营利性组织相提并论，分权管理更是不明确。

4. 高校体育俱乐部的所有权形式特殊

高校体育俱乐部的所有权形式特殊，也就是说给俱乐部提供资金支持的人或经济实体，对于俱乐部的财产不具有所有权。

营利性体育俱乐部的所有权很明显归属于股东，因为股东提供了成立俱乐部的资金，因此股东是俱乐部财产的所有者，俱乐部所创造的财富和利益，都归股东所有。但高校体育俱乐部并非营利性组织，也不是在法律要求下成立的，它是高校体育发展的一种新模式，是在自愿的前提下成立的一个相对自由的组织。俱乐部管理者不能转让、出售俱乐部的财产资源，社会上的个人或经济实体可以为俱乐部提供赞助，无论是以金钱的形式还是以实物的形式，只

要出手后，就失去了对这些物品的所有权，提供者也要提前知道，不能奢望收回或者以此获得财富或利益。俱乐部不计算经营运作的损益，也不会将利益分配，所以高校体育俱乐部的资产归属于俱乐部本身所有，而不是资产提供者。

（二）高校体育俱乐部财务管理的内容

高校体育俱乐部财务管理的内容是收入和支出，此内容是由上述高校体育俱乐部财务管理的目标和特征决定的。

高校体育俱乐部的财务收入主要是来自其所开展的业务活动以及一些其他的活动，从法律允许的渠道获得的免偿还资金。这是高校体育俱乐部获取资金的重要来源。高校体育俱乐部获得资金的渠道很多，对于收入的管理，按收入来源分为非自创收入和自创收入。

非自创收入是指俱乐部接受政府拨款、社会捐赠或赞助所得到的资源和资金，在这方面，俱乐部需要处理好与校方、社会个体以及企业的关系，才能获得长期的非自创收入；自创收入指俱乐部通过自身的努力得到的资金，主要包括举办业务活动、承办商业活动、额外投资等。高校体育俱乐部是为实现校园使命的运作实体，所以其服务费不能很高，甚至应是免费的。

俱乐部的经营收入是通过合法经营获取的收入，其需要遵循两方面的原则：一是经营所得的收入不能进行分配。二是俱乐部的经营并非只是进行经济活动，重要的是实现其非营利性目的。俱乐部的资金投入收入是指在俱乐部实现校园使命之前，在资金充足的情况下，将资本进行投资以获取利益，从而实现资金的保值和增值。需要注意的是，投资是有风险的，因此在投资之前要经过深思熟虑，优化投资组合，尽力将投资风险降到最低。

高校体育俱乐部的财政支出是指俱乐部为了实现自身的运作和发展而开展各种活动所产生的资金消耗和减少。它区别于投资，投资是利用资金来获取财富利益，而支出是收不回的，它所注重的是由支出而获得的公共利益，从而提高公信度。财政支出是一个谨慎的工程，再加上高校体育俱乐部属于非营利性组织，资金不足的现象普遍存在，而资金来源紧张，所以无论是出于什么原因，财政支出前都应该做好仔细而严密的计划，切忌滥用、误用。

（三）高校体育俱乐部可持续发展的财务策略

高校体育俱乐部虽然只是高校体育发展中的一部分，但对高校体育的发展却具有至关重要的作用，可以说是"牵一发而动全身"。现在市场经济与高校体育产业化关系紧密，因此高校体育俱乐部总会遇到财务方面的困难，不仅影响俱乐部的良性发展，而且导致高校体育整体发展过程缓慢。所以，采取有效措施推动高校体育俱乐部财务可持续发展，具有重大意义。

1. 扩大自创收入

很多人认为，既然高校体育俱乐部不是营利性的经济实体，就不应该有经营收入，而应全靠上级拨款、社会赞助和民间捐赠，这其实是错误的认知。有实验证明，虽然高校俱乐部资金来源的一部分是来自这三方面，但主要资金来源于俱乐部的自创收入。俱乐部的自创收入主要是业务收入，也就是俱乐部为促进高校体育发展和维持俱乐部自身的运作和发展而开展业务活动获取的服务收费。此业务活动主要有举办的与各种项目相关的活动、俱乐部活动的有偿使用、教练或教师的有偿指导等。自创收入也包括投资收入，在俱乐部资金充足的情况下，可将一部分资金进行合理投资，从而实现资金的保值和增值。另外，高校体育俱乐部也可承接一些商业性的活动，以此来获得经营收入，从而为俱乐部无偿性的活动提供支持。

2．合理安排支出

尽管高校体育俱乐部不是一个营利性组织，但它仍属于一个独立的经济实体，需要资金维持俱乐部运作。对于资金的使用，也叫作支出，而合理的支出结构，是俱乐部可持续发展的关键所在。高校体育俱乐部的支出主要包括项目及活动支出和行政支出，而行政支出的前提是将绝大部分资金用于项目及活动支出。只有俱乐部自身能力建设和组织能力得到提高，资金才能得到合理支出和利用，俱乐部才能实现可持续发展。

3．适度采取负债经营措施

一般情况下，人们认为只有营利性组织才会使用负债经营的方式，但是在我国，不仅有法律支持，更有实际案例证明，非营利性组织也可以使用负债经营的方式。例如，近些年，许多高校通过负债方式来筹措资金建造学生公寓或其他建筑，从而满足高校扩大招生的需要。但要注意的是，负债经营也有一定的弊端，过度负债会对高校体育俱乐部的发展产生不利影响，例如，很多民办学校因为过度负债而倒闭，就是最有力的证明。所以要学会适度负债，才有可能实现高校体育俱乐部的可持续发展。

4．要提高财务收支透明度

高校体育俱乐部是服务于高校师生的，因此它是以高校为基础的，而高校体育俱乐部只有先筹集资金维持自身运作，为高校体育发展提供可能，才会获得学校的支持。作为非营利性组织，为实现自身的可持续发展，一定要拥有很高的校园公信度，而要拥有较高的校园公信度，就需要俱乐部的财务收支透明化。严格而规范的财务制度，透明的财务收支状况，是俱乐部廉洁无私的保证。

高校体育俱乐部可以通过每年的财务报告，定期接受财务审核，然后以

"将结果公之于众"的方法来实现财务的透明化，师生可以多提出疑问和咨询，而财务部也要相应地给出满意答案。但调查显示，有些经济实体在这一特殊情况下不严格要求自己，不做财务报告，或者马虎应付。高校体育俱乐部要避免这种情况的发生，规范财务管理体制，充分有效地利用资金，树立良好的校园公信度，从而实现自身的可持续发展。

四、高校体育俱乐部的产业化发展的对策

随着时代的进步和社会的发展，高校体育俱乐部作为校园内的重要经济和文化实体，正面临着前所未有的发展机遇。为了实现其产业化发展，以下是关于对策的详细探讨：

（一）要转变高校领导的观念

高校体育俱乐部的发展，无疑离不开学校领导层的鼎力支持。领导层的视野、观念和态度，对于俱乐部能否顺利获取必要资源和相应自主权具有决定性的影响。因此，争取学校领导层的支持，成为俱乐部发展中的关键一环。

为了获得这种支持，俱乐部经营者不能被动等待，而应主动出击，运用多种策略全方位地展示俱乐部的独特价值和巨大潜力。首先，俱乐部可以积极邀请体育行业内具有深厚影响力的人物来校举办讲座或进行交流活动。这样的活动不仅能够迅速提升俱乐部在校园内的知名度，更重要的是，它能够为校领导提供一个直观了解体育俱乐部发展方向和潜力的窗口。通过这些专业人士的分享，校领导可以更加清晰地认识到体育俱乐部在学生身心健康、团队协作能力培养以及校园文化建设等方面的重要作用。

除了借助外部力量，俱乐部自身的积极展示也是必不可少的。与其他俱乐

部的联谊活动就是一个极佳的展示平台。通过这些活动，俱乐部可以充分展示自身的实力和组织能力，向校领导证明自己有能力将体育俱乐部运营得有声有色，为学生提供丰富多彩的课余生活。同时，这类活动还能够促进校际间的交流与合作，拓宽学生的视野和交际圈。

日常的宣传与沟通工作同样不容忽视。俱乐部应充分利用校园内的各种媒体资源，如校园广播、校报以及校园网站等，定期发布俱乐部的最新动态和取得的成果。这种持续的信息更新不仅能够让校领导及时了解到俱乐部的发展状况，还能够增强他们对俱乐部的信任和好感。此外，俱乐部还可以定期向校领导汇报工作，就俱乐部的发展规划、遇到的困难以及需要的支持等方面进行深入沟通。

争取学校领导层的支持是高校体育俱乐部发展的关键。通过邀请行业专家、开展联谊活动以及充分利用校园媒体资源等多种策略，俱乐部可以全方位地展示自身的价值和潜力，从而赢得校领导的认可和支持。这将为俱乐部未来的发展奠定坚实的基础，提供更多的资源和自主权，使其能够更好地服务于广大学生和校园文化建设。

（二）加强师资队伍建设

教师作为高校体育俱乐部的中坚力量，其重要性不言而喻。他们是教学质量和俱乐部长期稳健发展的根本保障。一支高素质、充满专业素养的师资队伍，对于提升教学质量、塑造俱乐部品牌以及吸引学生参与具有不可替代的作用。

教师的专业能力和教学经验是教学质量的关键因素。在选拔教师时，高校体育俱乐部必须严格把关，确保每位教师都具备扎实的专业知识和丰富的教学实践经验。这样的教师能够针对学生的不同需求和特点，制订个性化的教学计划，提供精准有效的指导，从而帮助学生快速提升技能，实现自我超越。

优秀的教师并不是一蹴而就的，而是需要不断地学习和提升。因此，高校体育俱乐部应定期组织教师进行系统的专业培训，这不仅是提升教学技能的需要，更是对教师职业发展的投资。通过培训，教师可以接触到最新的教学理念和方法，拓宽教学视野，从而提升自身的教学创新能力。同时，培训还应注重培养教师的职业道德和责任心，使他们能够深刻理解教育的真谛，全心全意地投入教学工作中。

根据1993年国务院下发的《中国教育改革和发展纲要》的指导思想，我们必须将师资队伍建设作为俱乐部发展的重中之重。这不仅是因为教师在教学中的关键作用，更是因为他们的专业素养和教学质量直接关系到俱乐部的口碑和影响力。一个拥有高素质师资队伍的俱乐部，必然能够吸引更多的学生参与其中，进而推动俱乐部的持续发展和产业化进程。

教师是高校体育俱乐部的宝贵财富，是教学质量和俱乐部长期发展的关键因素。通过严格的选拔机制、系统的专业培训以及持续的职业道德教育，我们可以打造一支高素质、专业化的师资队伍，为俱乐部的教学质量提供有力的保障，为俱乐部的长期发展奠定坚实的基础。同时，这也将进一步提升俱乐部的品牌形象和市场竞争力，吸引更多的学生参与体育活动，从而推动高校体育事业的蓬勃发展。

（三）拓展项目设置

体育俱乐部的项目设置，无疑是其能否吸引并留住学生的核心要素。在当下这个追求个性化和多样化的时代，如果俱乐部提供的项目过于单一，或者长时间没有新的变化和创新，那么它将很难持续吸引学生的关注，更难以满足他们日益增长的多样化需求。为了真正抓住学生的心，体育俱乐部必须下足功夫去深入了解和研究目标客户群——学生们的真实需求和兴趣所在。这不仅是通过简单的问卷调查或访谈就能完成的任务，还需要俱乐部拥有一支专业的市场研究团队，进行持续、深入的市场调查和需求分析。

市场调查的目的是获取第一手的学生体育需求和兴趣数据。这包括了解学生们最喜欢的体育项目是哪些，他们在体育活动中最看重的是什么，以及他们期望在体育俱乐部中获得怎样的体验和收获等。只有真正掌握了这些信息，俱乐部才能做到有的放矢，精准地推出符合学生口味的体育项目。在了解到学生的真实需求后，体育俱乐部就需要结合自身的资源和优势来进行项目的创新设计。这里所说的资源，不仅包括场地设施、器材装备等硬件资源，还包括教练团队、运营管理等软件资源。俱乐部需要充分发挥这些资源的效用，通过创新性的项目设计，将学生的需求和俱乐部的优势完美地结合起来。例如，针对学生们对趣味性和团队协作的追求，俱乐部可以设计出别具一格的趣味运动会，通过设置各种有趣且富有挑战性的比赛项目，让学生在轻松愉快的氛围中锻炼身体，培养团队精神。又比如，针对学生们对户外活动和挑战自我的热爱，俱乐部可以推出户外拓展训练项目，带领学生在大自然中开展各种刺激的户外活动，来提升他们的勇气、耐力和团队协作能力。

通过这些创新性的体育项目，体育俱乐部不仅能够成功地吸引更多的学生参与进来，还能够在校园内树立起自己独特的品牌形象，提升自身的知名度和影响力。更重要的是，通过这些项目，俱乐部能够真正达到育人的目的，帮助学生在体育锻炼中实现自我成长和提升，为他们的全面发展打下坚实的基础。

（四）加强理论教学

实践教学与理论教学，二者相辅相成，共同构成了完整的教育体系。在体育锻炼的领域内，这一点体现得尤为明显。实践教学，即实际的运动训练和活动，固然是提升学生体质、培养其运动技能的重要手段；但若无扎实的体育理论知识作为支撑，那么实践教学便如同无根之木，难以长久且稳固地成长。

高校体育俱乐部，作为连接学生与体育运动的桥梁，自然深知理论教学与实践教学并重的道理。然而，在现实中，很多俱乐部往往更侧重于实践教学，而在一定程度上忽视了理论教学的重要性。这种倾向必须得到纠正，因为只有在理论知识的指导下，实践教学才能更加科学、高效地进行。

为了弥补这一短板，高校体育俱乐部应当充分利用现代科技手段，将理论教学融入学生的日常生活中。例如，通过校园网、校园广播、校报等覆盖面广、传播速度快的传媒平台，俱乐部可以开设专门的体育理论教学专栏。这些专栏不仅可以定期发布最新的体育理论知识、专业的训练技巧，还可以提供运动过程中的注意事项和健康建议，从而帮助学生构建起全面、系统的体育知识体系。

此外，俱乐部还可以采用线上线下的互动教学模式，以进一步激发学生的学习兴趣和参与度。线上方面，可以利用问答、讨论等交互性强的形式，鼓励学生提问、分享和交流学习心得。这种互动不仅可以帮助学生及时解答疑惑，还能促进他们之间的思想碰撞和经验共享。线下方面，则可以组织专题讲座、研讨会等活动，邀请体育领域的专家或资深教练进行面对面指导，从而让学生获得更为深入和专业的知识。

通过这些措施的实施，高校体育俱乐部不仅能有效地提升学生的运动技能和体质水平，还能培养他们对体育运动的热爱和对俱乐部的归属感。当学生在俱乐部中既够获得实践技能的锻炼，又能不断充实自己的理论知识储备时，他们对俱乐部的忠诚度和满意度自然会随之提升。这种良性的循环将有助于俱乐部实现更为长远和可持续的发展。

（五）解决硬件的不足问题

硬件设施，作为俱乐部日常运营不可或缺的一环，其品质与配备情况对于俱乐部的整体服务质量和会员的满意度具有决定性的影响。然而，对于多数高校体育俱乐部而言，经费问题常常成为制约其硬件设施投入的关键因素。如何在有限的预算内，既确保硬件设施的满足，又不影响俱乐部的正常运营，成为一个亟待解决的问题。面对昂贵的硬件设施，我们不能盲目地追求高端和全面，而应根据俱乐部的实际运营情况和会员的真实需求来进行有针对性的采购。例如，对于一些使用频率高且对提升会员体验至关重要的设备，可以优先考虑投入；而对于那些使用频率相对较低或者可以通过其他方式来替代的设备，则可以适当延后采购或者选择性价比更高的替代方案。此外，创新是解决硬件设施短缺问题的另一把钥匙。我们可以通过引入新型、有趣的体育课程项目，来减少对某些特定硬件的依赖。比如，一些徒手训练、自主训练或者利用简单器械就能完成的团体训练项目，不仅能有效降低对昂贵硬件的需求，还能为会员带来全新的运动体验。

对于那些价格相对较低但仍然对俱乐部运营至关重要的硬件设施，我们可以尝试与供应商建立良好的合作关系，通过分期付款、长期合作等方式来降低一次性的采购成本，从而缓解俱乐部的经济压力。

高校内丰富的体育资源也是我们可以充分利用的宝藏。高校内往往拥有众多的体育设施和场地，如果能够将这些资源向学生免费开放，不仅能极大地满足广大学生多样化的体育需求，还能进一步提升体育俱乐部的吸引力和校园内的影响力。这种开放策略不仅能有效解决硬件设施短缺的问题，还能促进校园体育文化的繁荣和发展，从而实现资源的最优配置和利用。

第七章 当代高校体育培训服务体系

第一节 当代高校体育培训服务概述

自改革开放以来，我国社会主义市场经济体制不断走向完善，体育市场也随之得到了广泛而快速的发展，为高校体育的产业化与商业化铺平了道路。体育产业已成为国家经济的新增长点，主要是由于其美好的发展前景及巨大的发展潜力。体育培训业作为整个体育产业中不容忽视的部分，正在各大都市中悄悄地兴起。高校体育培训产业所具有的优势是体育产业中的其他部分所无法替代的。只要高校体育在遵循体育本身及其产业发展规律的前提下，合理而充分地利用高校体育内外的丰富资源，将会对整个体育产业起到很大的推动作用，在社会主义市场经济的洪流中发挥尽可能大的作用。以往由学校、国家等提供的无偿体育培训已经无法适应新时代下的经济规律，在体育培训的过程中，产品及服务开始商业化，培训机构的办学主体也由学校开始逐渐拓展到培训公司、个人办学等社会力量，可见体育培训市场的前景颇为广阔。

一、高校体育培训商业化的前提条件

（一）社会消费环境有利于高校体育培训的发展

随着社会的进步和国民经济的高速发展，我国城乡居民的经济收入、生活质量与消费水平都有了显著的提高。然而，生态环境的恶化与生活的安逸，使人们变得越来越弱，更有甚者，健康遭到病魔的破坏。尤其是"上班族"，以

车代步，整天伏案，面对计算机，不仅增加了患病率，还造成了由各种疾病引发的死亡率。在这样的一个背景下，体育的强身健体与休闲娱乐功能重新唤起人们的体育消费需求，人们开始越来越关注体育行业，体育的商业化有偿服务使人们认识到健康需要通过体育锻炼来获得。人们对体育健身活动的重视和积极参与，能够促进高校体育培训市场的快速发展。

（二）高校体育消费对象相对稳定

体育消费对象与消费种类的多寡，决定着高校体育培训市场的形成和发展。一项关于我国体育健身房中消费人群的调查表明，健身房的学员按数目多少依次是职工、学生、管理人员、科教文人员。而高校的主体是学生，一所一般的高校有着少则成千、多则上万的学生，如此众多的数目，在客观上构成了一个潜在、庞大且比较稳定的体育行业消费群体。若是高校将其体育设施充分地利用起来，并提供给社区使用，如此一来，相对稳定的社区体育消费市场必将形成，必能为高校体育培训市场的开发提供极为便利的条件。

（三）高校拥有完善的固定资产资源

根据不完全统计，体育场地中有将近70%集中在小学、中学与大学里，而其中很大一部分都在各高校。高校有国家做后盾，有雄厚的资金做保障，有比较先进的体育设备与场馆、相当完备的体育类图书资料，相当数目的体育方面的专业化师资。近几年的高校体育，在市场经济的大力推动下，取得了长足的发展。然而两相对照之下，有一部分学校始终以"会带来管理上的极为不便"为借口，对外拒绝开放体育场馆，以致群众性体育活动无法持续下去。高校中有不少体育场馆，其承担的比赛任务也不多，因而一年中有很多时间都在闲置着，造成资源的不充分利用，最终致使社会经济效益上不去。

（四）高校体育师资力量相对较强

几乎所有高校都既开设体育公开课程，又开设体育专业课程，并配有一定数量的体育专业老师。因此，与社会及中小学相比，高校体育有着更为雄厚的师资力量，具体来讲，有以下三方面的优势：

1. 人才优势

高校体育师资队伍一般是由体育专业高职称、高学历的人所组成的知识技术密集型专业化群体。其中有着体育知识与技能都扎实的老一辈学科带头人、体育教育家、体育教练员，也有着体育方面的硕士生、博士生与博士后，还有着一大批中青年优秀体育教师。他们在体育教学、科研及训练的一线阵地上积累了丰富的学识与实践经验，能为高校体育培训市场的开发提供中肯的意见与良好的策略，并为高校体育培训产品的研发做出一份贡献。

2. 信息优势

高校体育文化氛围浓厚，师生走在时代的前线，都有着旺盛的求知欲，在体育书籍、期刊与体育网络方面，都有着数量可观的信息资源。通过这些，可充分而快速地了解甚至掌握国内外的体育常识及知识性信息，又能加以整合、使用并传播，可为体育培训市场提供丰富的信息资源。

3. 地位优势

高校作为我国体育改革的重地，不仅是提高体育竞技水平的试验场，还能带动大众体育的发展。各高校运动员的竞技成绩在本市乃至全国范围内都是有效的，且享有高校的声誉，高校体育赛事成绩上的优势，对体育培训市场的开发及培训产品的销售推广有着很重要的意义。

二、高校体育培训市场的特征

计划经济时期,高校是肩负着教育使命的非营利性教学机构。改革开放之后,我国社会进入市场经济时期,各行各业也逐渐开始产业化、商业化。作为体育行业中的培训业自然也不例外,只是起步较晚。起初,体育培训业主要集中在社会职业化体育方面,且针对职业运动员,培训课程以竞技运动为导向。后来,随着改革开放的深入及市场经济快速向高校的渗透,体育培训开始蔓延到高校。

(一)高校体育培训市场拥有较高的信誉度

高校作为国家的高等教育机构,较私立体育培训机构有更大的资金运转优势,并且还有很高的社会信誉度,更易于得到人们的普遍认可与信赖。对于高校举办的各种体育项目培训班,消费者一般不会疑虑其业务资格与产品质量,同时也为消费者大大节省了苦苦寻求合适体育培训机构的精力与时间。况且高校还有大量体育方面的高素质人才及设备器材,其体育信息的来源也更具有权威性。充分利用零碎化的业余时间进行体育培训,一方面,有效利用了高校闲置的体育资源,为高校体育经济创造更多的收益。另一方面,满足了职业体育爱好者乃至社会大众对健身的市场需求。

(二)高校体育培训市场有着稳定的消费群体

体育培训消费者的多寡对市场的开拓有直接的影响。高校师生与员工人数众多,构成了潜在的、相对稳定的庞大消费群。高校师生一般有大量的业余时间。同样,不少师生也愿意提高自身体育运动项目的技能。随着"体育健身""身体是革命的本钱"等观念的深入,体育培训行业将迎来蒸蒸日上的大好局面。大多数的高校处于现代化的都市之中，有着密集型的人口优势，其中的居民也大都具有体育消费方面的经济基础。因此，若高校体育培训资源面向社会进行有偿开放，一个个相对稳定的社区型体育消费市场必将快速形成，这有利于增加高校体育培训产业的经济创收，并服务于社会大众的全民健身。

（三）我国高校体育培训市场尚未成熟

高校体育培训市场虽然已形成并粗具规模，成为高校体育经济的一个重要组成部分，然而，随着这一市场的逐渐扩展，其变得越来越复杂，需要进一步的规范，也向相关部门对其监管水平的提升和监管力度的加强提出了要求。由于过于关注体育培训市场的拓展量，而对新开发市场的维护并不充足，以致忽视了培训质量的提高。总的来看，我国高校体育培训市场还需要进一步的细分与深化，需要成文的法律法规、政策方针与体制规范的支持。

（四）我国高校体育培训市场前景广阔

由于我国高校体育培训市场还处于发展的初级阶段，因此还有很大的潜力有待于开发，并且随着人们消费水平的提高，其市场发展趋势呈现出颇为广阔的上升空间。随着时代的不断向前，体育运动项目也在朝着时尚化方向发展，如瑜伽、街舞、轮滑、攀岩、健美操等体育时尚健身越来越引起人们的关注。因此，体育培训未来的市场应该根据人们的需求更多地侧重于体育时尚健身方面。

三、高校体育培训的市场营销

（一）锁定高校体育培训市场的密集型目标消费群

目前，高校体育培训业与体育产业中的其他部分相比，发展速度相对缓慢，但也表明高校体育市场具有很大可供开发的空间。随着生活水平与需求标准的提高，人们对体育运动方面的消费不断增强。根据相关调查，大多数高校每年都有不少学生参加社会上的体育健身俱乐部。由此可见，高校学生对体育健身有着浓厚的兴趣与很大的积极性。对高校体育培训机构而言，若采取积极而有针对性的市场营销策略，首先要锁定密集型目标消费群体，以高校广大师生及员工为中心，进而辐射到高校周边小区的居民以及附近以青少年学生为主体的中学，最大限度地占领潜在市场。

（二）合理地制定高校体育培训产品的价格

对高校体育培训产品而言，要更多地倾向于服务性，具有知识与技能的传授特征。市场价格的合理制定，具有关乎机构盈利与否乃至生死存亡的重要意义，价格定得过高与过低，都不利于体育培训市场的开发及产品的销售。价格若定得过高，将会失去消费水平偏低的那部分体育市场；若价格定得太低，将会形成不盈利甚至亏损的局面，还可能会带来不正当竞争的嫌疑。市场供需关系决定了各体育培训机构产品价格的制定，在制定价格时，应本着尽量提升培训服务的水平，价格不高于社会性体育培训机构的原则。同时，应竭力避免与其他社会性体育培训机构的正面交锋。在市场经济的非垄断性前提下，基本价格确定之后，可以灵活考虑多种促销方式并行的定价策略。比如，可采取打折销售的方式，这样可将竞争对手的一部分消费群体吸引过来。此外，也可以采用非价格性竞争之类的策略，即加大产品的推广宣传或提高培训产品及服务的质量等。再比如，针对不同消费水平的消费群体，可采用与其相应的价格促销方式，对于办会员卡的消费者，根据会员卡的级别，对其打折出售，对经济收入还不独立的学生消费群体，实行一定的优惠策略；对于高水平消费者，向其推荐高品质的培训产品及服务,实行与之相应的高收费。

(三)高校体育培训市场的准确定位

市场,单从字面意义上而言,是指进行商品交换的有形场地;从本质上而言,是指商品需求者的数量多少及需求程度。作为体育市场的重要组成部分,高校体育培训市场,实际上是体育培训产品及服务的供需关系在一定的行业范围或消费者群体内的客观存在。随着我国计划经济模式的日渐消亡与市场经济体制的运行及不断完善,高校体育培训成为体育行业中知识技能密集型的高收益模块。然而,高校体育培训市场的发展,除了受到高校自身发展水平的限制,还受到人们对体育健身产品及服务的消费观念的深入影响。

第二节 当代高校体育培训市场及其开发

随着人们生活水平的改善和消费标准的提升,在"全民健身计划""奥运争光计划"等的推广宣传与大力倡导下,人们对体育健身娱乐的重视及参与程度得到了明显的提高。由于现代人越来越关心自身的健康及寿命的长短,终身体育的健身观念逐渐深入人们的意识中,带来的是对体育产品及服务需求的增长,同时还呈现出消费方式多样化、消费水平专业化的发展趋势。然而,体育行业的产品及服务现状,已满足不了人们对现代体育与日俱增的消费需求,这特别需要大量的体育知识技能专业人才提供科学而优质的体育知识,于是广阔的体育培训市场在这种背景下形成了。随后,体育培训开始产业化,成为整个体育产业中最具发展前景的部分。

为了促进我国高校的体育培训市场快速而健康地发展，开发市场时要充分考虑到一切有利因素及不利因素。在对高校体育培训市场进行开发的过程中，应竭力避开不利因素而充分利用有利因素，以保证其依照原计划进行推广宣传工作。通过具体操作，为高校体育培训市场的拓展提供理论上的依据，做好培训产品与市场营销，使高校体育培训业获得长期而稳定的发展，为高校体育经济增长注入新的活力，最终拉动整个高校体育产业的快速发展。

一、我国高校体育培训市场的现状

随着社会经济的持续增长，虽然人们的生活水平在不断提高，但在现代化的进程中，由于工作专业化的要求、社会分工的细化、生活节奏变快、商业化的食品质量下降等因素的影响，人们的身体素质每况愈下，体育健身越来越成为人们的需求。另外，原有的体育知识、项目与技能已跟不上新时代的步伐，难以满足人们与时代相应的高标准需要，而体育培训不仅能更新人们已有的体育知识体系，还能在原有的基础上提升体育技能，尤其是时尚体育运动项目方面的新技能。高校作为体育学术动态的前沿，是体育知识技能型人才的高度密集区，其所形成的高校体育培训机构，在体育培训方面具有比社会性体育培训机构更强大的硬件设施、体育师资及社会声誉。综上所述，我国高校体育培训市场有着很大的开发潜力与颇为广阔的发展前景。

随着市场经济的快速发展与市场的不断细分，过去由学校、国家等提供的免费体育培训已无法适应新的经济体制，体育培训开始逐渐走上产业化与商业化的轨道。为了实现对体育培训市场的规范与监管，国家需要在尊重市场化的客观经济规律的前提下，对体育培训市场进行科学的宏观调控，减弱经济效益与社会价值取向之间的矛盾，加强体育文化的宣传力度，科学调整体育培训业的消费结构，提升服务性消费比例，从而使高校体育培训市场及消费朝着健康、优质、多样化、多层面的方向发展。然而，在促进体育的商业化与体育经济增长的同时，也要努力提高整体国民的健身意识与身体素质，提高社会大众参与体育运动及体育培训的兴趣与热情，提高我国职业运动员的竞技能力水平，使我国成为现代化的体育经济强国。

当前，对我国的高校体育培训市场而言，一般分为体育运动的知识培训与体育运动的技能培训两大类。高校作为传播知识文化最集中的地方，在体育运动的知识培训方面，显然有着强大的优势。况且，体育运动知识的培训需要固定的场所，在教学内容上需要严格的要求，还需要优良的教学环境及高素质、高技能的师资队伍。对于体育运动的技能培训，是以各种体育运动项目中的技能与战术为产品，以满足不同的社会群体对体育运动技能或强身健体等方面的需要而提供的专门性服务。

长时间以来，社会上不少体育培训机构属于追求短期利益的个人商业化行为，缺乏长远的规划，过强的商业动机及培训质量一般，使大众的健身兴趣消费受到了很大的挫伤。故此，高校的体育培训部门要把握住这个有利的机会，对大学生体育健身观念形成过程进行积极的引导，激发并培养他们对体育的兴趣爱好，进而养成坚持体育锻炼的习惯，形成终身体育健身的意识。

随着我国高校体育改革的推进，市场经济体制逐渐深化到其中。高校体育资源需要一定的经费投入，且在资源维护及更新的过程中需要经费的再投入，学校理所当然地会考虑到成本问题。在保证高校体育正常教学与学生课外体育活动顺利开展的前提下，为了照顾到一部分师生、高校员工及周边社区居民对体育培训的需求，购置一些成本相对较高的体育设施及器材，开设相应的体育运动项目培训班,以商业性营利为目的,科学而合理地向学员收取一定的培训费用,既可为高校体育经济的增长贡献一分力量,同时又能使高校的体育教学资源得以补充与优化,有利于提高体育教学与课外活动的效果,还满足了高校部分师生员工和社区居民的体育消费需求。

根据对市场需求的调研,高校体育培训市场可向中小学生延伸,建立起融体育培训与体育休闲娱乐于一体的青少年体育夏令营。然而,由于受到活动场所和师资力量的制约,这个青少年市场多年来一直存在供需失衡的问题。每年盛夏,中小学生的暑假来临,体育培训市场的需求量骤升,致使不少没有达到条件的培训机构也都因商业化的利益驱动开始大张旗鼓地招生。然而,将学生招进之后,因缺乏优质的培训产品,给学生及家长带来一种受骗的感觉,导致来年暑假,学生及家长不再选择该体育培训机构。

二、我国高校体育培训市场开发的优势

(一)国家利好政策的大力支持

为了解决社会体育资源不足和人们对体育运动产品及服务与日俱增的需求之间的矛盾,中国各级政府出台了一系列的相关政策,以全力支持高校体育资源的开发利用,倡导高校体育资源商业化运作。在市场开发过程中,给予相关政策上的扶持,例如,税收上优惠、提供兴建现代化的运动场馆及配套设施的资金等。

(二)居民家庭人均收入迅速提高

自从我国加入世界贸易组织以来,社会主义市场经济体制不断完善,国民经济保持快速而稳定的增长,城乡居民的家庭人均收入也得到了一定程度的提

高，其恩格尔系数亦即食品支出占消费总支出的比例在不断地减少，这在某种程度上表明，人们对物质生活的偏重向对精神生活的偏重转变；在消费上，也从原来的以物质消费为主，转向以服务消费为主。相关调查显示，不管是城镇居民，还是农村居民，用于文教体育娱乐上的支出比重都在逐年上升。与此同时，人们的消费结构也在不断调整与优化。以上这些因素，对高校体育培训市场的开发具有重要的促进作用。

（三）人们业余时间的增加

随着科技与社会的进步以及经济的飞速发展，在社会化大生产过程中，劳动分工向精细化与专业化方向发展，部分手工劳动将被机器与计算机所取代，这使人们的闲暇时间增多，而大量可供自由支配的时间是人们参加各种体育运动和体育消费最基本的条件之一。随着人们生活的改善与消费水平的提高，越来越多的人开始讲究生活的品位与质量，越来越用心于对闲暇的时光的利用，"花钱去健身"的观念已经深深地烙印在人们心中。

（四）体育硬件设施投入的加大

随着人们家庭收入的增加，人们对体育资源的要求朝着专业化、标准化的方向发展。针对高校体育的软硬件设施，政府相关部门加大了对其资金的注入，与此同时，也有一部分闲置的社会资金参与到其中。近年来，我国对大型赛事举办次数的增多，无形推动了我国体育场馆的建设。例如，为筹备2008年北京奥运会，北京、天津、沈阳、上海、青岛、秦皇岛6个城市共建设体育场馆达30余个，以满足我国首次举办奥运会比赛的需求。这为日后我国高校体育培训市场的开发提供充足的标准化体育场馆，极大地促进了人们对现代体育培训产品的消费。

（五）广阔消费群体的形成

在"全民健身计划""奥运争光计划"和"亿万青少年阳光体育运动"的推广宣传与大力倡导下，人们深刻地认识到体育对国家和个人的重要性，人们越来越多地投入对体育知识的学习及体育技能的训练中。甚至在某些白领阶层，竟将体育作为工具进行社会交际，由于他们的体育知识与技能水平有限，更需要专业化的体育培训机构来提供知识与技能上的科学指导，在不知不觉中自然形成了颇为广阔的体育培训市场。

（六）北京奥运会的影响

2008年北京奥运会从申办到举办，再到闭幕，其整个过程一直成为社会各界高度关注的焦点。2008年北京奥运会和2022年北京冬奥会的成功举办，客观上都为体育培训市场的开发营造了良好的环境，有利于为高校体育培训市场开发平台的建设营造良好的社会舆论氛围，为体育培训行业创造出更多的商机。夏季奥运会和冬季奥运会在我国的成功举办，弘扬了体育精神与文化，提高了国民的体育意识，同时也引导了大众对体育行业的消费。在体育培训市场的开发进程中，以上这些都有利于促使新的开发理念及思路的形成。

三、我国体育培训市场开发的劣势

（一）缺乏健全的法规与体制

1. 体育法规不健全

在我国出台的体育方面的法律法规中，综合性的管理办法占很大一部分。然而，对各运动项目与管理中的各环节不仅缺乏细致的规定，还缺乏具体而稳定的可操作性，以致在具体实施的过程中会出现与法律条文规定不一致的情况。所以在整体性规定的基础上，要根据各种具体的细节问题，制定可行性强的实施细则。另外，由于我国体育行业的产业化与商业化起步较晚，属于新兴的产业，对其理论的研究远跟不上其实践发展的步伐，而政府对体育产业及其市场的规范与管理尚未成熟，还没有形成健全的法律法规体系。

2. 体育培训体制不健全

对我国大多数体育培训机构而言，尤其是社会性体育培训机构，目前还缺乏属于自己的体育场馆。由于高校一般都有自己的体育场馆，于是他们与政府或某些高校合作走联合办学之路，但这样会造成政企难分的困局，因而只能进行半政半企式的运作。可这种模式往往受到政府的制约，以致无法实现现代企业的纯商业化管理，同时也意味着无法进行完全的商业化运营，常常引起产权混乱、利益冲突，使得双方合作难以为继。除此之外，高校体育培训业还缺乏一个科学的激励体制，员工的积极性无法得以提高，进而必然影响到体育培训机构的效益。由此可见，高校体育培训体制的不健全，限制了其发展速度。

（二）市场开发人员的专业化程度不高

在对体育培训市场的开发上，打造一支专业化水平很高的团队，是市场开发取得成功的关键。作为体育培训市场的开发团队，不仅要掌握体育营销计划的细节与相关的策略，同时还要清楚体育培训市场中主导的产品特色，并通过与客户沟通、对产品进行包装、对提出的疑问进行解答随时调整产品的价格，直至最后的成交，才算真正完成了事先定好的推广任务。但依当前情况来看，那些从事体育培训市场开发的大多数人员，一般都是从担任行政或管理工作的人员中选出来的。还有一部分人员是一些应届大学毕业生，他们曾创办过小型的体育健身俱乐部，由于缺乏市场运作的实战经验，也不注重广告宣传、市场调查及营销，还有着相对落后的经营理念及不积极主动开拓市场的消极思想。

（三）市场的准入门槛偏低

逐渐地，越来越多的人尤其是投资商们看到了体育培训市场这座"金矿"，一般每年都会有新的体育培训机构加入进来。而在众多的体育培训机构中，教学水平参差不齐，致使市场鱼龙混杂。现代体育培训市场的准入门槛普遍偏低，低到只需找一些了解体育的大学生，拿点资金租个培训场地，然后虚张声势打打广告，即可将体育培训班办起来。体育培训市场的混乱及培训机构间的不正当竞争，表明相关政府部门还没有健全规范化的行业体制、运行机制及监管制度。

（四）社会总体消费能力增长缓慢

随着我国国民经济的增长，城乡居民的人均收入及消费程度虽然有了显著提高，但社会总体消费还处在较低的水平上，社会经济生活中的主要矛盾仍然是生产过剩与消费不足之间的矛盾。体育产品及服务的生产与消费，受到社会总体消费状况的直接影响。相关调查数据显示，在我国，自从电视普及以来，收看体育方面电视节目的观众不在少数。然而主动到场馆中参加体育锻炼的人数还不多，这种现象不得不引起我们的反思。

（五）经营管理方面的人才匮乏

我国高校体育培训市场的开发，离不开体育经营管理方面的高素质人才，然而我国特别缺乏这方面的专业化人才，这严重制约了我国高校体育培训市场的快速发展。对体育培训产业而言，其发展对人才的需求不仅要精通体育行业，还要精通经济学。当前我国体育培训机构的管理队伍大多都是由退役教练或行政管理人员所组成，这些人员不仅知识结构单一，而且社会阅历少，同时，既缺乏体育经营管理上的思想，还缺乏市场营销的实践经验，致使服务质量与经营管理水平的提升受到一定的阻碍。

四、高校体育培训市场开发的对策

我国高校体育培训市场有着广阔的潜在消费群，但与此同时，还存在由体系不健全而带来的威胁。从整体上来看，其优势所带来的积极影响明显大于劣势所带来的负面影响。故此，我国高校应采取措施有效地避免其劣势并充分发挥其优势，加强对体育培训机构的监督与管理，建立起灵活的多元化定价机制和企业化的现代管理模式，以健全相关的法律法规等规范体育培训市场的商业化行为。积极发展体育培训产业，有利于高校闲置的体育资源充分地利用，同时还为高校师生及员工、广大社会民众参加体育锻炼提供了多种选择。高校体育培训业作为我国高校体育经济的一部分，要想持续发展，不仅要符合市场经济的规律，还要顺应政府相关部门的调控政策。

（一）树立社会主义市场经济的观念

所谓市场经济，是以需求为基础，通过生产环节构建起产品的使用价值，并按照其实用价值及供求关系确定价格，顺应经济规律这只"看不见的手"主导下的一种经济体制。对体育培训这一产业而言，若违背市场经济的规律，必然会自食其果。在体育培训市场上，作为销售者，只有瞄准培训市场的供需状况，把握对培训的供需关系及其变化规律，科学而灵活地调整体育培训的专业和课程，使体育培训机构管理者对市场的预测及判断能力得以提高，本着市场经济的思维方式加强体育培训机构对培训市场进行深入的研究、策划与开发，才能在激烈的竞争中立于不败之地。对于高校体育培训机构而言，要拓宽培训市场就得赢得生源，而生源的获取，不仅要靠销售人员的市场营销能力，还要看高校体育培训机构的产品质量及服务水平的高低。高校体育只有适应市场经济的客观发展规律，才有可能成为"终身体育"观念落实的示范点。所以，在高校体育资源合理化配置的前提下，只有牢固树立社会主义市场经济的观念，政府相关部门放宽对体育培训行业的政策并规范体育培训的商业化运营，才能使高校体育培训市场焕发出勃勃的生机。

（二）培养经营管理方面的综合型人才

随着时代的不断向前以及社会各行各业发展到一定程度，表现出对经营管理方面综合型人才的极大需求，而社会上这方面的人才又极为稀缺，因此对其的培养显得至关重要，这样的人才一旦培养出来，必定会给企业乃至整个社会带来很大的收益。未来社会的竞争，归根结底是人才的竞争，而人才竞争的核心在于经营管理方面人才的竞争。对高校体育培训机构而言，若是缺乏擅长经营管理方面的综合型人才，即使其培训产品及服务做得很出色，也不一定会产生强大的经济效益。因此，只有高度重视企业或机构的商业化运营管理，增强经营管理的意识，并拥有经营管理上的智慧，强化、深化、细化经营管理工作，使体育培训机构及市场的各方面都规范化，才能保证体育培训市场秩序井然地进行商业化活动。可聘请人才市场上懂体育、懂经营、懂管理的综合型人才担任对高校体育培训市场开发工作的管理一职。

（三）打造高校体育培训品牌效应

当前，商界乃至社会各界都越来越重视产品或服务的品牌效应。在市场经济条件下，高校体育培训机构也可参与到激烈的市场竞争中，在消费者群体中建立起自己的产品及服务的信任度、知名度和消费者满意度，进而形成自己的培训品牌。培训品牌不仅包含产品特色，还包含与产品及服务相配套的教学模式与运营管理模式。

（四）健全高校体育培训市场的价格机制

体育培训的价格是指体育市场中产品及服务等蕴含的使用价值所显现出来的货币形式，其构成要素分成本、利润和税金三个部分。体育培训属于服务性质的一种商品，我国目前体育培训价格的制定按照市场化的需求规律，其机制遵循以下的公式：体育培训市场价格＝体育培训劳务费＋培训物品损耗费＋师资层次附加费＋各种税费＋利润。不同的运动项目或不同的教学内容，其难易程度往往会有所不同，培训的要求及目标、培训时间的长短、培训班招生数及办学的硬件设施等对体育培训价格有着不同程度的影响。

《中华人民共和国价格法》（1997年）及其他相关法律中体育服务业价格管理的部分，皆属于我国体育服务业价格管理的主要法律法规。我国的体育服务市场在价格机制上需要进一步的健全，可采取一定的措施并结合体育服务市场的具体特点，完善体育服务的价格体系。充分发挥报纸、电视、网络等传媒的社会舆论作用，对体育培训价格进行全社会的公众化监督，以增强体育培训市场价格的透明度。

当前，我国居民的体育消费意识相对比较薄弱，我们可以采取不同的定价策略与促销方案，以满足不同层次消费群体的需求。例如，可向消费者推荐月卡、季卡、年卡等，以享受一定的优惠；同时还可采取"低端消费采取低价、高端消费采取高价"的价格分层策略，最大限度地挖掘各层面的潜在消费者。

（五）加强高校体育培训市场的推广宣传及营销工作

高校体育培训应最大限度地满足不同层次消费者的欲望和需求。在商家的眼中，为了最大限度地获取利润，对其而言，"顾客就是上帝""消费者是企业一切经营的核心"，在其观念中已根深蒂固。可通过多种方式与途径来对高校体育产品或服务进行推广宣传。高校有着丰富的推广宣传工具的优势，例如，体育老师的课堂宣讲、校园里的广播宣传、校园内海报及宣传栏的宣传、借助各种体育比赛的宣传、利用公共关系的宣传等。

由于高校体育培训的主要消费群体是对体育运动的爱好者，在体育培训的过程中，要持守关系营销的理念，要树立起回头客的营销观念，而不是搞一锤子的买卖关系。关系营销作为一种新的销售思维方式，是商家为维系与顾客之间关系所采用的一种手段，以增进顾客对商家的信赖及强化商家在客户心中留下良好形象。

（六）建立以高校为核心的全民健身网络平台

借助高校体育人才和体育资源等优势，在保证体育教学及课外活动正常进行的基础上，搭建全民健身网络平台，以高校为中心向周边社区、街道及企事业单位等辐射，靠网络平台连为一体。对于高校体育工作者而言，需要主动地加强与周边消费群体的联系，邀请他们来校参加体育活动或开展某些体育比赛。高校肩负起带动整个城市参与全民健身的使命，根据不同消费层次体育爱好者的需求，高校相关部门有必要组织教师开办一些体育讲座或专项运动培训班。

（七）健全法律法规，完善体制建设

针对高校体育培训市场，建立健全一套市场规范及监管机制，进一步改善体育培训的市场环境。制定相关条文，一方面提高体育培训机构的市场准入条件，另一方面定期对体育培训机构进行一定的考查，根据考查结果对体育培训机构进行全面的整顿。只有这样，才可能使体育培训市场竞争有序、规范高效、标准统一，进而走上商业化的可持续发展之路。因此，应当制定并实施相应的体育法律法规细则和经营管理条例；加强高校体育培训市场的全面建设，采用各种方式与投资、集资的渠道来深度开发体育培训市场，并在宏观管理的层面上打破原有的体制格局，推进体育培训市场的体制改革，对高校各类可供利用的体育资源进行科学合理的优化配置。

第三节　当代高校体育培训平台的构建

一、高校体育培训资源的优化配置

随着高校体育产业由"教育型"向"社会生活型"的扩展，人们对体育资源的需求与日俱增。然而，目前我国体育资源分布及配置上的不平衡问题日益凸显，且很大程度上影响了社会化民众体育健身事业的发展。相关调查显示，在城乡居民很少参加体育活动的众多因素中，体育资源的缺乏占据了80%左右，主要有缺乏空闲时间、缺乏活动场地、缺乏经费、不懂锻炼方法等。我国的体育资源大部分集中在高校中，对全社会民众体育需求充分而有效地满足，与高校体育资源的优化配置及科学而合理化的充分利用有着密切的关联。故此，为了更好地推动全民健身计划的实施与一系列体育活动的顺利开展，在社会化的体育资源紧缺的现实状况下，以战略的眼光看待高校体育资源就变得至关重要。

（一）资源配置理论下的高校体育资源

古往今来，人类欲望及需求的无限性与用来满足人类欲望及需求的各种资源稀缺性之间的矛盾，是人类社会一直面临的基本问题。对于资源的优化配置，是一个不会过时的世界级课题，各国在实践过程中都对其进行了不断的探索，在我国体育事业发展的进程中，必须结合中国的具体国情与时代的特点，对高校体育资源的合理配置与优化规律进行全面而深入的探索。将高校体育资源向社会大众开放，是解决现阶段我国社会体育场地缺乏、体育锻炼缺乏指导等问题的有效措施。这既符合资源稀缺的规律，又符合资源配置的理论，才可最大限度地发挥高校体育资源的使用价值，且以体育资源的共享为纽带，促进社会体育和学校体育的共同发展。

高校体育资源是指与高校体育运动密切相关的场地、场馆、设施、仪器、图书资料、师资及用于体育方面的资金储备等物、财、人的总体。高校体育资源按形态分为有形资源与无形资源两大类。有形资源也称为硬资源，即看得见、摸得着的物质资源，包含体育场地、体育设施、体育器材及体育图书资料等，且以体育场地资源为主。无形资源也称为软资源，包含体育教师及其专业知识技能、体育教学管理能力和综合素质等。从资源配置理论来看，高校体育资源同社会的共享是指在社会体育整体资源短缺的情形下，社会个人或社会团体以体育学习和体育健身运动为动机，对高校体育教师的指导和场地、设施及器材等各种体育资源合理而充分的利用。

（二）高校体育场地资源的优化配置

高校体育场地不同于一般的场地，因其承担着体育教育的使命，故此不可能像营利性的社会职业性体育场馆那样全然地商业化。因而，高校体育场地租赁费的制定应本着低廉的原则，既要顺应市场经济的商业化机制，又要体现出为社会大众服务的公益性特点。在高校体育场地由校园内的行政型管理向社会化经营性服务转变的过程中，需要体育场地主管部门就服务内容、收费标准及开放时间等敏感性问题采取有效的相关措施。

首先，要结合高校体育教学的实际情况，制订可具体操作的开放计划，在充分保证高校体育正常化教学与锻炼的前提下，将早晨、傍晚及节假日等学生非课堂性的闲暇时间作为向社会开放的固定时间。其次，可在不改变原有体育场地教学功能的基础上，尽可能多地选择一些符合大众口味的体育运动培训项目向社会有偿开放。最后，需同相关部门商讨，确定不同场地在不同时间段的开放价格，开放价格的制定要科学而合理。除此之外，高校要增强与体育主管部门之间的联系，以争得政府更多的支持，取得体育主管部门的拨款，维护并更新学校的体育场地及设施。高校还可依靠其场馆的地理优势和自身的社会声誉，积极主动地争取企业赞助，以提高高校体育硬件资源的质量。

一直以来，我国绝大部分高校体育场地是由国家提供建设资金的，因而具有很强的公益性质。然而，对大多数高校体育场地而言，对其的维护费用普遍偏高，不能只靠国家的拨款以致增加国家财政负担，因此，高校需树立起"以场养场，以馆养馆"的商业化经营理念。这样，既能充分利用高校体育资源的不完全商业化获取一部分收益，稍微缓解高校资金运营上的压力，又能服务于社会大众，利于全民健身计划的积极开展。

高校周边存在一些中小学校及企事业单位，他们每年在举行各种形式的运动会或庆祝会等活动时，往往缺乏相对大型的体育场地及其设施。因此，高校体育场地的管理部门可加强与他们的沟通，积极主动地向他们介绍高校体育场地所能提供的服务种类及内容，并免费协助他们策划如职工运动会等各种类型的体育比赛，最大限度地获取高校体育场地的租赁机会。此外，寒暑假期间，由于高校体育资源出现大量的闲置，高校可依托自身的体育场地设施优势，开展各种各样的体育短训班或青少年体育夏令营等。

（三）高校体育师资的优化配置

我国高校的体育师资队伍不断壮大，高校体育老师具有各种优势，如高学历水平、合理的职称结构、裁判资格高、较强的专业性等，师资力量较为雄厚。所以，对高校体育师资的优化配置，既可最大限度地发挥高校体育教师群体的人才优势，又有利于解决社会体育型人才匮乏的现状。

根据高校所开设的体育培训课程、培训班的培训层级及体育教师最擅长的运动项目，科学而合理地向各种项目的体育培训班配置师资，并加强体育教师间、教师与学员间的沟通交流。根据培训市场需求层次的不同将体育培训班分为初级、中级与高级，不同级别的培训班收费标准也不同；再按照高校体育教师自身专业技能掌握程度及教学水平的不同，也分为初级、中级与高级，分别配置到初级、中级与高级培训班中。当然，对体育教师而言，随着自身技能及教学水平的提升，可以从初级晋升到高级。

随着全民健身计划不断广泛深入地开展，社会对体育指导员的需求也逐渐增加，并引起了相关部门的高度重视。作为体育师资强大的高校，自然应当肩负起培养社会体育指导员的重任。因此，高校以培养社会体育指导员为目标，开设社会体育指导员培训课程，面向全社会招收学员，并收取相应的培训费。

二、高校体育培训课程的设置

高校体育培训课程的设置,不仅要考虑高校体育培训资源的合理配置,还要考虑体育培训市场对不同体育运动项目的需求程度及同类运动项目的消费数量,甚至有必要对培训班的运营成本、教师工资及学员总培训费等进行初步的综合估算,即一旦开班,会不会出现亏损的局面。因此,高校应根据这些确定要不要开班、开哪种级别的班、设置哪些培训课程、配置哪些体育师资等问题。从原则上来讲,高校体育培训课程设置得是否合理,不仅关系到高校体育培训的经济创收,还关系到高校体育师资是否得到了充分而有效的利用,更直接影响到学员对培训产品的满意程度。

(一)高校体育培训课程的特征及分类

高校体育培训课程融合了知识与技能,区别于高校体育课教学,培训课程更侧重于技能的训练,但仍然有相关知识的学习。对于体育培训课程而言,不同于其他一些只需动脑的知识密集型课程,而更多地要进行整个身体及其各相关部位的训练,这需要一定的体育活动场地、器材等。

对高校体育培训课程的分类而言,所分出的类别随着分类标准的不同而不同。按照时代特点,培训课程分为传统课程与时尚课程;按照培训目标,培训课程分为健身类课程与竞技类课程;按照体育项目分类,分为球类、田径类、武术类、游泳类、体操及舞蹈类、溜冰滑雪类、极限运动类等课程。

(二)高校体育培训课程的市场需求及消费概况

高校体育培训课程也有热门与冷门之分,不同的体育项目,其市场需求量一般也不相同,有些培训课程的市场需求量较大,如球类、健身类、竞技类、时尚类等;有些培训课程的市场需求量相对较小,如田径类、武术类、极限运动类等。根据体育培训市场的需求及消费调研，高校体育培训课程的设置不是一成不变的，可进行科学合理的调整。

球类传统性运动项目，如足球、篮球、排球、羽毛球、乒乓球等，为人们所广泛喜爱，不会随着时代的向前而出现很大的市场变动，因此其课程设置与市场需求比较稳定；但对于如瑜伽、跆拳道、高尔夫、轮滑、街舞等时尚类运动而言，其市场需求量呈现出不断增长的趋势。

（三）高校体育培训课程的意义

高校体育培训课程的设置，有着多方面的重要意义。首先，从高校的角度来看，体育培训课程的设置，可为高校体育经济带来一定程度的创收，并将高校里的各种体育资源充分地利用起来；且随着培训品牌的逐渐形成，对内有利于高校体育氛围的形成及体育文化的弘扬，对外有利于高校知名度的传播，进而带动高校的招生宣传。其次，从体育培训消费者的角度来看，高校体育培训课程可增强学员的体育健身或竞技意识，提高其体育运动的技能，并养成很好的体育素养。最后，从社会的角度来看，高校体育培训课程可推进全民健身计划的快速实施，可为社会培养一批体育指导员，以提升社会大众化体育的锻炼水平，有利于国民身体素质的提高，且能为我国高校体育经济的增长添砖加瓦，有利于促进我国社会主义体育事业的积极开展。整体而言，高校体育培训课程的设置，可以提高我国体育运动爱好者的专业技能水平，提高国民的身体素质，从而拉动高校经济增长。

三、高校体育培训平台的综合构建

平台是人们进行各种活动的一个综合性环境，是发挥个人潜力及才华、实现个人或团体价值的舞台，是供人们快速而有效地达到某种目标的工具及手段。对高校体育培训业而言，也需要构建起相应的平台，而高校体育培训的开展都是在这个平台上进行的，体育培训教师也是在这个平台上开展体育教学与培训工作的，学员更是通过这个平台学习并接受训练的。

（一）多媒体平台

高校里有着丰富的多媒体教学工具，可将这些资源充分地调动并善加利用起来，构建起体育培训的多媒体平台。比如，体育培训师在进行相关课程的讲授时，可利用多媒体将体育运动技能上的经典动作进行分解或慢镜头回放，使学员了解到技能及动作的细致之处；也可在体育专项运动训练时，将学员的动作拍摄下来，传到电脑上进行慢镜头回放，使学员直观地看到自己动作的不规范、不到位之处。

（二）体育俱乐部平台

将高校体育培训与体育俱乐部有机结合，高校体育俱乐部可开设一些有偿的体育培训课程，既可吸收一部分俱乐部会员参加体育培训，也可使一部分学员加入体育俱乐部，进而使高校体育俱乐部与体育培训班这两种商业化的模式相得益彰，在相互促进中共同发展。这样，既充分利用了俱乐部的体育资源，也提升了俱乐部会员的体育技能水平，同时还缓解了高校非俱乐部式体育培训班的市场压力。

（三）网络平台

在当今网络化的时代，互联网作为信息资源整合与便利化交流的一种优质且高效的工具，成为众多集电子化产品、沟通交流、网络营销及运营管理等行业于一体的强大平台。将互联网平台作为工具引进高校体育培训中来，使体育培训网络化，已成为必然，这可大幅提升高校体育培训业的商业化运营效率。高校体育培训机构可建立微信网络公众平台，以促进学员的学习及培训效果；也可建立高校体育培训班的网站，甚至开设网络远程体育培训模块。由于体育培训不同于其他纯知识或科技型的培训，需要身体直接参与训练并需要体育培训师的当场指导，因此网络远程体育培训只能作为辅助手段。

高校体育培训的各平台之间并不是孤立存在的，在高校体育培训班商业化运作的过程中，可将各种平台进行综合运用，进而最大限度地提高高校体育培训的服务质量，快速推动高校体育培训业的发展。

参 考 文 献

[1] 焦素花. 体育产业高质量发展研究 [M]. 南京：南京大学出版社，2023.

[2] 郑夏萱. 体育产业管理与心理学融合发展 [M]. 北京：化学工业出版社，2023.

[3] 王先亮. 体育产业高质量发展动力研究 [M]. 北京：人民出版社，2022.

[4] 袁夕坤，战焰磊. 体育产业高质量发展研究 [M]. 南京：东南大学出版社，2021.

[5] 徐金庆，高洪杰. 体育产业市场建设及其竞争力研究 [M]. 北京：中国书籍出版社，2021.

[6] 鞠传进. 中国体育产业发展与政策需求研究 [M]. 北京：北京大学出版社，2020.

[7] 杨乃彤. 体育产业创新与科学运营管理研究 [M]. 北京：中国水利水电出版社，2019.

[8] 吴业锦. 体育产业发展的理论与实证研究 [M]. 北京：中国纺织出版社，2018.

[9] 江小涓. 体育产业的经济学分析 [M]. 北京：中信出版社，2018.

[10] 吴香芝. 我国体育服务产业政策及发展对策研究 [M]. 北京：中国社会科学出版社，2018.

[11] 刘甲爽．当代高校体育经济新视界［M］．北京：经济管理出版社，2015.

[12] 刘远祥．体育产业结构优化研究［M］．济南：山东大学出版社，2015.

[13] 张瑞林，王会宗．体育经济学概论［M］．北京：高等教育出版社，2015.

[14] 肖林鹏，阎隽豪．我国高校体育产业创新创业教育发展态势，面临问题与建设路径［J］．北京体育大学学报，2023，46（7）：65-77.

[15] 顾斌，郑少秋．"观"与"赛"，体育场馆与校园的共生共享——龙游瀫智慧产业园项目公共配套场馆设计思考［J］．建筑技艺，2023，29（S01）：108-112.

[16] 刘静静．高校培养体育产业多元化创新人才路径探索［J］．体育科学进展，2023，11（3）：636-642.

[17] 苏思畅，杨一书．高校体育教育对体育产业经济的影响［J］．体育世界（学术版），2023（7）：43-45.

[18] 李明星．新时期高校体育产业协同发展的路径研究［J］．文体用品与科技，2022（21）：55-57.

[19] 曲洺晔，曹连众．新时代高校体育专业培养体育产业创客路径探索［J］．黑龙江高教研究，2022，40（9）：106-111.

[20] 李刚．高校体育经济与管理专业国际化人才培养模式研究［J］．科技风，2022（10）：3.

[21] 郭晓敏．论高校体育教育对体育产业经济的促进作用［J］．生产力研究，2022（7）：98-102.

[22] 曹光．新时代背景下高校体育产业经营管理人才培养模式探究［J］．河南教育学院学报：自然科学版，2022，31（4）：76-79.

[23] 吴明放．高校体育产业管理人才培养探究［J］．湖北开放职业学院学报，

2022,35（15）：3.

[24] 吴凤彬. 智慧体育视角下高职院校体育产业应用型人才培养研究[J]. 中国职业技术教育，2022（5）：92-96.

[25] 张玉良. 北部湾城市群民办高校体育产业现状及影响力实证研究[J]. 知识经济，2022,595（002）：6-8.